声を磨けば、人生が変わる

自分に自信が持てる！ボイトレ

ミニー・P

集英社インターナショナル

声を磨けば、人生が変わる

自分に自信が持てる！ボイトレ

ミニー・P

集英社インターナショナル

はじめに

先日、YouTuberのヒカルさんと怪盗PINKYさんから連絡をいただきました。なんと、3日後に歌手デビューのためのレコーディングがあるので、何とかそれまでに歌をうまくしてほしいという依頼でした。3日後に歌手デビューというのはプロの世界ではあまりないのですが、これまでたくさんの歌手やタレントさんのボイトレ（ボイストレーニング）をさせていただきましたのでお引き受けいたしました。急遽、ボイトレをさせていただいた結果、「3時間で驚異の変化」。おふたりは見事、歌手デビューされたのです。その様子はヒカルさんのYouTubeチャンネルで紹介されています。

私は音楽プロデューサーであり、ボイストレーナーです。もともとpopsやR&Bが大好きで小さいころは歌手になりたかったのですが、歌手としての声を持ち合わせていなかったため、一番近い存在である音楽を作る音楽プロデューサーの道を選択しました。おかげさまで、クリス・ハートさん、AISHAさん、RIRIさんをはじめJポップ、Kポップなどたくさんのアーティストに作詞、作曲、編曲を提供、歌手の方々に私なりのメソッドでボイトレを行い、歌い方をディレクションしてきました。

歌手が聞き手の心を鷲づかみにする魅力的な声をつくり上げていくのを見るうちに、このボイトレのメソッドを歌手以外の方にも応用したい！と思うようになりました。そこで

PROLOGUE

23年前、東京・代官山でボーカル&ミュージックスクールの「ウイングス ミュージックスクール」をスタート。プロの歌手、歌手を目指す人に加え、一般の方々にも門戸を開いたところ、声を磨きたい人、声に悩みを抱える一般の生徒さんが続々といらっしゃるようになりました。ボイトレで声をブラッシュアップした生徒さんは、世界の著名人が自分の人生や経験について講演するスピーチフォーラム、TEDに出演されたり、学会での発表や司会をされたり、上場企業の社長として世界を股にかけてスピーチされたりと、各方面で活躍されていらっしゃいます。

本書では歌とスピーチの両方が上達するメソッドをご紹介しています。

私は、人の心をとらえる魅力的な声を、「魅《ひ》き寄せ声」と呼んでいます。どんなにインターネット社会になっても、声は人生でもっとも大切なコミュニケーションツールのひとつです。それなのに、声を意識して磨く場がない、声をトレーニングする方法がわからない、のは残念です。日常のあいさつ、世間話の声に、自信が持てたら。仕事や恋愛など、大事なシーンで、意思や思いがしっかりと伝わり、相手からうれしいレスポンスを引き出せたら。

人生は大きく好転していくこと間違いなしです。実際、「声に自信が持てるようになったら、人との会話が楽しくなった」「まわりが自分を受け入れてくれるようになった」「なぜだか仕事がうまくいってしかたがない」「好きな人に、気持ちが届いた」と、生徒さんからはうれしい報告が毎日のように届きます。「魅き寄せ声」とは、良き人を魅き寄せ、良き運命を引き寄せる声なのです。

今は、「人生100年」といわれる時代。声は、顔や体と同様、放っておけば老けていきます。声は小さくなり、かすれて、出にくくなっていくのです。生涯にわたり家族や友人と円滑にコミュニケーションを取り、幸せな一生を過ごすために、誰もがボイトレを始めるべきだと、私は強く思っています。ボイトレを始めると、呼吸が深くなり、肺が鍛えられ、代謝が上がるため、総じて健康レベルはアップします。ボイトレは、「魅き寄せ声」を手に入れながら同時にアンチエイジングもできる、一石二鳥の健康法です。

この本では、誰でも気軽にできて、成果を実感できるよう私が独自に開発した「ミニー・P式ストレッチボイトレ™」の入門編です。ボイトレには事前のストレッチが欠かせませんが、それをボイトレと同時に行い、のびのびと声を出しやすくするユニークなメソッドです。この本を買っていただいた方が取得できるアプリを利用すれば、ピアノの音に合わせながら楽しくトレーニングできます。本書では身体的なことを扱っているため、慶應義塾大学看護医療学部教授、加藤眞三先生に監修をお願いいたしました。

「ミニー・P式ストレッチボイトレ」は、体全体を楽器にして発声するためのメソッドです。声をのどだけでなく、体全体に響かせて出せるようになることこそ「魅き寄せ声」への近道です。声は、波動。自分の声が全身に響いて豊かな声が出ることは、自分自身にとってこの上なく心地いいことであり、気持ちが落ち着き、ポジティブでいられ、精神面でもベストな状態になります。自分の声に癒やされる感覚をぜひすぐにでも「ミニー・P式ストレッチボイトレ」で味わってみてください。

PROLOGUE

心地いい声の波動は、自分だけがよくなるのでなく、周囲にいる人たちを包み込み、癒やしたり、励ましたりもできます。「魅き寄せ声」の持ち主のもとには、自然と人が集まってきて、信頼関係の厚い、優れたコミュニティを築くことができます。会社なら生産性が上がり、家族や友達同士なら絆が深まります。

幸せを呼ぶ「魅き寄せ声」。この本で声を磨く方法を知って、ひとりでも多くの方に自分の声に自信を持っていただき、人生がより好転することを心よりお祈りしています。

ミニー・P

もくじ

CONTENTS

4 「魅き寄せ声」で異性にモテモテ

5 「魅き寄せ声」が自然と出る！ 自分でできるミニー・P式ボイトレ

CONTENTS

6 誰も教えてくれなかった 必ずカラオケがうまくなる「歌ウマ」マル秘テク10

CONTENTS

Art Director :
藤村雅史

Designer:
藤原佐和子
石崎麻美
（藤村デザイン事務所）

理論編

1 声を磨けば、生活が一変する

Train your voice and change your life

人は、相手の声から

人柄、やる気、

そして実力まで判断しています。

なぜ人は、自分の声に自信が持てないのか。録音した自分の声に違和感を覚えるのか

声は、その人の性格や、そのときの気分やバイタリティ、体格や年齢、もっといえば生まれ育った環境まで示す、パーソナリティそのものです。

あなたも他人の声を聞いて、「この人はおおらかで明るいな」とか「一見ニコニコしているけれど、実は意地悪いのかも……」「あまり寝てないのかな？　調子が悪そう」などと知らず知らずのうちに判断したり推測したりしているでしょう。

一度も会ったことはなくても、どっしりとした落ち着いた男性の声が電話の向こうから聞こえてきたら、「40歳くらいで、仕事に成功している、頼りがいのある男性かな？」などと想像します。あるいは、透明感のある明るい女性の声がどこかから聞こえてきたら、思わず「どの人だろう？」と探してしまうのではないでしょうか？

いつも声をジャッジの材料にしているからこそ、自分自身が発している声が他人からどう受け取られているか、気になるのです。

表面は取り繕っているつもりでも、声が上ずってボロが出てしまったとか、心の底にしまっている本音がつい声に出ちゃったかも？　なんて思った経験、誰しもあるはずです。

ずばり言ってしまえば、あなたが発した声には思いや気分、それに体調、さらにあなたの生きてきた歴史と現状のすべてが透けて見えているといっても過言ではありません。

録音された自分の声を聞いて「え～？　こんな声で話していたの!?」とびっくりしたこと、ありますよね。そもそも自分の体を通じて聞いている自分の声と、録音した声とではギャップがあります。あなたが普段聞いている自分の声は、頭部の骨や細胞など、組織に響くのと空気を伝って聞こえてくる声。二倍の厚みで聞こえてくるので、五割増しよい声なのです。

だから、録音の声と、自分で聞いている自分の声は違っていて当然なのですが、びっくりするのは音としてのギャップだけではありませんね。やたらと上ずっていたり、くぐもって聞き取りづらかったり、変にカッコつけていたり、キンキンしていたり。少なからずイヤなところが見つかるものです。

私は、10年前からクリスタリン網膜症という病気を患っています。網膜がだんだん死滅していき、ゆっくり目が見えづらくなる難病です。そのほか飛蚊症、乱視、色盲、夜盲症、視野の欠落などの症状もあります。

視覚情報が少なくなったせいでしょうか、病気になる前にも増して、聴覚が冴えわたるようになりました。生徒さんの声を聞くと、「今、お仕事がノリに乗っているな」とか「最近、何か悩みでもあるのかな？」と想像がつきます。さりげなくうかがってみると、百発百中で当たっているのです。

非常に面白いのは、ボイストレーニングを続けていくと、初め「自分の声に自信がない」と言っていた生徒さんも、自分の声に自信が持てるようになります。カラオケでうまく歌いたいという動機でスクールに通い始めた生徒さんも、普段の話し声にまで自信を持つようになるのです。

もっと面白いのは、ボイストレーニングで声が磨かれていくと、磨かれた声に導かれるように、その方の運気が上がっていくというメリットも出てきます。

くぐもった声で目線もあまり合わさず話していた方が、声がクリアになると、性格も明るく前向きになり、アイコンタクトもバッチリ。人からどんどん信頼されるようになって、自分に合った仕事に就けたり、人間関係がうまくいくようになります。

いつも自信なさげで声の線が細かった方に音の厚みや音圧がでてくると、若さと活気がみなぎり、ビジネスが大きく発展して、新たなチャレンジに挑むようになります。

声ごときで？　と不思議に思うかもしれませんが、事実です。

こんなミラクルをしょっちゅう見ているうちに、私はボイストレーニングで磨かれた声を「魅《ひ》き寄せ声」と呼ぶようになりました。

声はパーソナリティを映し出す鏡です。

自分の声に自信が持てないということは、自分のパーソナリティを否定するようなもので、とてももったいないですよね。自分の持ち味を信じて、声を磨けば、パーソナリティもさらにブラッシュアップされていきます。

ボイストレーニングは、単に歌やスピーチがうまくなるだけの訓練ではありません。よりよい人生を切り拓くための突破口なのです。

自分の声を好きになるのに、簡単で効果的な方法があります。

その解決法が、皆さんが苦手意識を持っている声の録音・録画。本書で紹介するボイストレーニングを行いつつ、自分の声を録音・録画してみましょう。

スマホをお持ちの方は、ボイスレコーダーやビデオの機能がついていて、手軽に自分の声やビデオを録音、録画することができます。

まずは自分の自己紹介をレコーディングしてみましょう。

初めは見るのが恥ずかしいかもしれません。でもその自己紹介の様子を、いつも他人は見ているわけです。何回も何回も毎日繰り返すうちに、必ずいいところが見えてきます。歌手が自分の声や歌を大好きなのは、レコーディングして聞いている回数の多さでもあるのです!!

その人のオーラまで変えてしまう「魅き寄せ声」の正体とは？

人は、優しくて思いやりがある人、キラキラと輝いて佇まいが美しい人、カッコいい人、リーダーシップがあり頼りがいがある人、誠実でウソをついたり文句ばかり言わない人が、どうしたって好きです。

そのような人のまわりには、自然と人が集まり、前向きで幸せな空気が漂います。そして、普段の何気ない会話でも、決まって素晴らしい「魅き寄せ声」を発しています。

「魅き寄せ声」とは何でしょう。ついつい耳を傾けたくなる、この人の言うことならと信頼してしまう、いつまでも話を聞いていたい、そんな声です。ところで、「魅き寄せ声」には、ある一定の法則があるのをご存じでしょうか。

法則その1 声にブレやムラがないこと。つまり上ずったり、「ん?」と聞き返したくなるような聞き取りにくい部分がありません。

法則その2 声が単調でなく、厚みとまろやかさ、そして深みがあること。それは決して、キンキン声、ガラガラ声などの目立つ声ではありません。

法則その3 リズムがある程度一定していること。早口になったり、ノロノロとしゃべったりすることなく、まるで音楽でも聴いているかのような安定感があります。

法則その4 自然体でしゃべっているのに、ほとばしる感性や思いがダイレクトに伝わってくること。口先だけの言葉に感じず、大勢の聴衆のひとりであったとしても、あたかもあなたに話しかけているような伝わり方をします。

法則その5 長時間話していても魅力があせず、キープしていること。途中でかすれてきたり、トーンダウンすることがありません。

いかがですか？　あなたのまわりの魅力的な人物にも、同じ法則が当てはまりませんか？　それこそが「魅き寄せ声」なのです。

そもそも声は、声帯だけではコントロールできない

声はどこから出るのでしょうか。声帯？　はい、声帯は「音の音源」としてとても重要です。それは、病気などで声帯を失うと「声」として伝えることが非常に難しくなることからも、事実です。

声帯は、弦楽器で言えば弦と弓。しかし、弦と弓だけあってもバイオリン、チェロの音は奏でられません。空洞のボディがあって初めて、豊かな音色が響き渡りますよね。

声も同じこと。呼吸器である肺が原動力となり、吐く息が伸縮した声帯に伝わり、口腔、鼻腔、胸に共鳴して声となります。共鳴するのは口腔だけではありません。魅力的な声になればなるほど、頭のてっぺんから、おなか、足まで共鳴します。体全体がチェロなどと同じように、楽器なのです。

肺から送られた呼気が、声帯を振動させて音が生まれ、骨、口腔、鼻腔、頭へと共鳴し

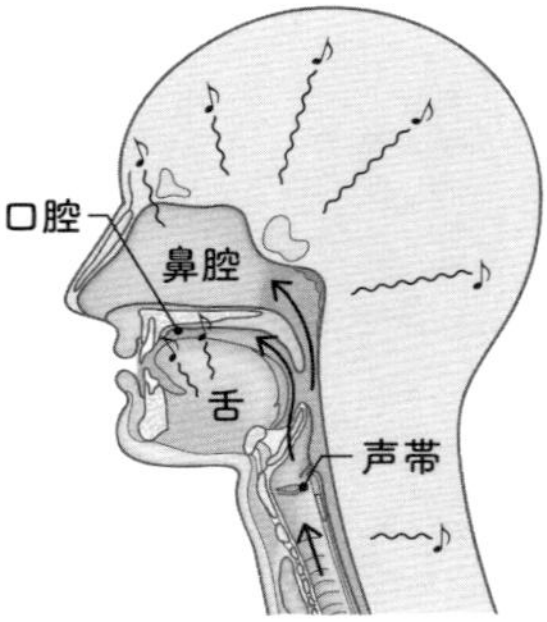

声帯でつくられた音が、口腔、
鼻腔、頭まで響いて声になる

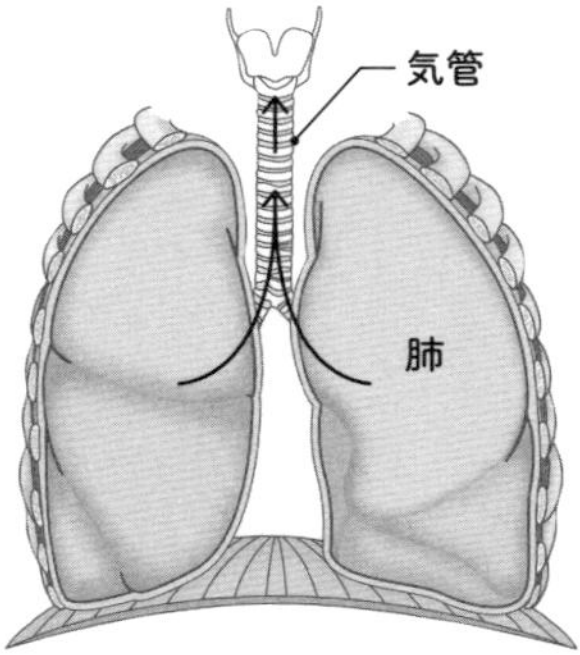

肺から送られた呼気が、声帯を振動させて音が生まれ、口腔、鼻腔、頭へと共鳴してその人の声に。のびやかに共鳴すればするほど、「魅き寄せ声」になる。

てその人の声になってきます。のびやかに共鳴すればするほど、「魅き寄せ声」になります。

「のど声」という言葉を聞いたことがありますか？　声を出すときに声帯だけに力を入れてしゃべっている状態です。

そのような状態でしゃべり続けたり歌い続けるとそうすると声がかれ、ひどいときには声帯ポリープができたりすることもあります。ポリープは声帯にできるタコのようなもの。声帯が閉じるのを邪魔し、声が非常に出しづらくなり、かすれ、特に、あるところ以上の高音がまったく出なくなります。

ポリープを治すには、切除する手術もありますが、多くの場合、一か月まったくしゃべらないと治ります。しかし、現実的にはしゃべらないで生活するのは難しいので、生活に合った治療法を考えましょう。

でも、どうしてのど声でしゃべってしまうのでしょうか？

原因は、口をあまり開けず、顔の筋肉をほとんど使わず、呼吸も気にせず、姿勢も悪いからです。声は本来、口をしっかりと開け、顔の筋肉を使い、声の出る姿勢を取り、体に響かせて、呼吸も腹式呼吸を使って出していくものです。それをまったくしなければ、声帯の負担が１００％になってしまいます。

声を出すとき、口の開き、顔の筋肉、姿勢、体への共鳴、腹式呼吸で分担すれば、声帯の負担は実に、１／６で済みます。実際、「魅き寄せ声」の持ち主は、そのようにしゃべったり、歌ったりしています。

スマホなどで録画してみると、口の開け具合、表情、姿勢など、自分がどのようにしゃべっているのか、よくわかります。口を横に開けるとのどに力が入りやすくなるので、なるべく縦方向に口を開けるようにしながら、目も使って表情豊かにしゃべる訓練をしましょう。

声に表情があると言いますが、顔の表情がなければ声に表情も生まれないのです。

アメリカ合衆国の大統領は、スピーチのために歴代、ボイストレーナーをつけています。歌手でもないのにボイストレーナーをつけるのは、それだけ声の良さが、一国のリーダーに欠かせない条件、という事実があるからです。特に「魅き寄せ声」のお手本は、オバマ前大統領ですね。名スピーチがたくさん残っています。

ミニー・P式ボイトレなら、誰でも「声」のクオリティを上げられる！

関連ボイトレ
P.120 P.116 P.110

声は生まれつきのもので、生涯変えることができないと思われています。声帯は遺伝で受け継がれてきた素材。そこは変えられないけれど、体は道具でもあります。道具はお手入れ次第でクオリティが変わりますよね。鍛えれば自分らしいベストボイスをつくっていけるのです。

体形だって、姿勢や筋肉のつき方、所作、ファッションで、別人かと思うくらい見た目の印象が変わりますよね。頭脳や顔だちだってそう。だからこそ、人は勉強して頭脳を磨き、肌のお手入れをして美貌を手に入れます。遺伝子で与えられた素材をブラッシュアップして活用するのは当たり前のことなのです。

ところが声はどうでしょう。生まれてこのかた、ほったらかしという人がほとんどなのではないでしょうか。

声のクオリティの正体とは、何でしょうか。「声色」という言葉がありますが、おしゃべりやスピーチが上手な人を調べてみると、5種類くらいの声を使い分けていて、その5種類くらいの声を、行ったり来たりと、巧みに使い分けて話したり歌ったりしています。通常は2種類くらいの声でしゃべっていると言われています。

声のバリエーションを多く持てれば、声のクオリティを上げられます。

その声の種類とは、大きく分けて「地声」「裏声」「ミックスボイス」です。地声は英語で「チェストボイス」、裏声は「ファルセット」といいます。

地声は「チェスト（胸）ボイス」というだけあって、自分の胸に響かせてしゃべる声です。地声でしゃべっているかどうかは、実際に自分の胸に手を当ててみればわかります。手に響いていれば地声です。

「頭声」とも言われる「裏声」は、頭の後ろ、つまり裏に声を回して頭に響かせて出す声です。そして「地声」と「裏声」が混ざった声を「ミックスボイス」と言います。ミックスボイスは、人によって、出せる音域の違いによって、「地声」多めのミックスボイスだったり、「裏声」多めのミックスボイスだったりと、いろいろです。この3つの、どの声もスムーズに出るようにしていけば、豊かな音質でクオリティがアップしていくのです。

本書の実践編では、アプリに合わせて低音から高音へ徐々に上げていき、高音から低音へ徐々に戻ってくるボイトレを行います（P.110、116、120）。その際、低音から高音へと上げていく過程で、地声→ミックスボイス→裏声と変化するのを意識してみましょう。高音から低音に戻ってくるときはその逆で、裏声→ミックスボイス→地声と変化するのを意識します。

この訓練をすることによって、音域が広がり、声を出しやすくなって、地声とミックスボイス、裏声をスムーズに行き来できるようになります。すると、TPOに合わせ、自在に声をコントロールし、リラックスした自然な声で話せるようになります。のどに緊張感がなくなるので、仕事やプライベートのおしゃべりの表現力もアップ。聞いている人も緊張せずに聞けるので、人間関係にもよい影響を及ぼします。

声を磨くのに、年齢は関係ありません。私が校長を務める「ウイングスミュージックスクール」でボイトレを始めた人は下は3歳から、上は75歳までと実に幅広く、始めたら着実に声が変わっていきます。毎日5分ずつでもいいのでトレーニングしてみてくださいね。

年齢を重ねると、声の出し方に自己流のクセが出て、修正するのに少々時間がかかるかもしれません。声帯も、声を出すための全身の器官も年齢とともに老化しますから、年齢を重ねれば声がかすれたり、低くなったり、小さくなるものです。

しかし、ボイトレを続けるうちに何歳になっても「声」が磨かれ、次第に自分が声を出しやすくなり、楽に話したり歌ったりできるようになるのでレッスンがどんどん楽しくなっていきます。それとともに「魅き寄せ声」が身につき、人付き合いが楽しくなり、多くの人から信頼され、愛されるようになっていきます。

理論編

2 人の心の扉を開くミニー・P式発声法

Open your heart through Minnie's vocal exercise techniques

声は環境。

みんなが自然とその場に

とどまりたくなる

気持ちのいい環境をつくる

声の持ち主を目指しましょう。

えっ⁉ 姿勢を正すだけで？「魅き寄せ声」になるのに難しいテクニックはいらない

関連ボイトレ

P.94

人を魅了し、自分自身にもさまざまな美容、健康効果をもたらす「魅き寄せ声」。そんな「魅き寄せ声」を出すテクニックとして、もっとも大事なことは何でしょうか。

それは、間違いなく姿勢です。

えっ、声なのに？　と思うかもしれませんね。しかし、実際、姿勢を正すことなしに良い声は出ません。「ウイングス ミュージック スクール」のボイトレレッスンでも、まずは姿勢を正すことから始めます。

姿勢はある意味、発声のための「フォーム」。ゴルフのスイングや、野球のバッティングフォームと同じです。

正しい姿勢が取れれば、首や肩などに余分な力が抜け、必要な筋肉には力を入れやすくなります。胸やおなかを圧迫しないので、発声のための深い呼吸がスムーズにできます。そして、声帯で発生した音が、全身に共鳴しやすくなります。

正しい姿勢というと、背中だけ伸びた姿勢を想像するかもしれませんが、本当の正しい姿勢は「背中から腰までが一直線になった姿勢」で（P.94）。腰がそってしまうと上半身に力が入り、下半身が不安定になるので要注意です。背中から腰までが一直線になると、上半身の力が抜け、腹筋が使えるようになります。恥骨を上に向けるようにして、肩と手はブラブラにしてみてください。これができると、誰かに肩を押されても倒れない体幹が手に入ります。重い荷物を両手で抱えられるような姿勢です。

体が硬くて背中から腰が一直線になりづらい場合は、はじめのうち膝を少し曲げてみましょう。体が柔らかくなれば次第に膝を伸ばしても、正しい姿勢をとれるようになります。

「魅き寄せ声」の大敵はスマホ姿勢。

人と話をしているときも、ともすれば会議中ですら、スマホをチェックする時代。スマホを見るときは、どうしても斜め下向きの目線になり、集中すればするほどあごが前に出て、肩が上がり、猫背になります。

皆さん、そのスマホ姿勢のまま、おしゃべりしたり、プレゼンしたり、部下に指示を出したり、デートしたりしています。これでは、いい声なんて出ません。

人と話すときは必ず正しい姿勢にリセット。

いつも心がけていれば、次第にそれが習慣となり、姿勢を正さずにはいられなくなります。

なぜなら、声を出しやすいことが体感としてわかってきますし、よい声が出せるようになると、話相手のリアクションもよく、自分もよい響きに包まれて心地よくなるからです。

現代人はここに注意！「スマホ猫背」があなたの声の魅力を奪っている！

「スマホ猫背」のまま話してしまう

首、胸、おなかがきゅうくつな状態なため、発声に必要な空気の通り道をふさぎ、頭部や全身への声の響きを妨げている。うつむいているときの顔のままだと、目も口もしっかり開かない

画面に集中して常にうつむきがち

スイカクラスの頭の重さに耐えかねた首筋、肩、肩甲骨まわりがパンパンになる「スマホ猫背」。あごが前に出て、肩が前に出てしまう。長時間のパソコン作業による「PC猫背」も同様に深刻

いつでもどこでも姿勢を正すだけで「魅き寄せ声」に

カラオケでも、マイクを握ったら背腰一筋ピン！

カラオケでは座って歌うことも多いが、そのときも猫背禁止！ マイクを持ったらスッと背筋を伸ばすクセをつけよう。息つぎがしやすくなり、口をしっかり縦に開けて歌える

「声を発する」となったら、背腰一筋ピン！

背中から腰までがまっすぐになると、肩が開き、首と胸が解放され、発声のための呼吸が楽に。自然とのびのびした声に。口を縦に開けやすくなり、目もパッチリ

体を楽器にたとえたら、唇は音の「出口」。アヒルのように突き出した唇で

関連ボイトレ

P.124 P.110

一般的な日本人と西洋人の横顔をイメージしてみてください。西洋人は日本人にくらべると鼻が高くて、耳前の顎関節から口までの長さが長く、唇にも厚みがあります。おでこも少し前に出ていて、眉毛の下がくぼんでいますね。

声は、体の中や頭蓋骨、鼻腔、口腔などに響いて発せられるので、西洋人のほうが構造的に響きやすく、深みのある豊かな音が出しすいのです。

皆さんが小学校のときに吹いたことがあるリコーダー。ソプラノの縦笛よりも、少し長さも太さもあるアルトの縦笛のほうが、深い音が出ますよね。吹き口から出口までの長さが、長くて太いほうが、深い音が出るのです。声帯のあるのどから、出口である唇まで長さが出せれば、日本人でも深い音が出るようになります。

それには、唇をアヒルのように突き出すことです。楽器としても理想的な唇の女優さん、俳優さんは、よい声の持ち主が多いですよね。女優ならアンジェリーナ・ジョリーさん、井川遥さん、北川景子さん。俳優ならトム・クルーズさん、斎藤工さん、福士蒼汰さん。皆さん、容姿や演技はもちろん、声の魅力も半端なく素敵です。

ミニー・P式ストレッチボイトレでは、唇をアヒルのように突き出しながら、発声練習を行います(P.110)。またリップトリルといって、唇を柔らかく保つレッスンも効果的です(P.124)。

早口にならず、ノロノロせず一定のテンポでリズムを意識する

関連ボイトレ

P.156 P.155 P.152

キング牧師以来のスピーチの名手として知られる、オバマ前アメリカ合衆国大統領。用意された原稿を、一字一句たがわず読んでいるといわれるスピーチが、聴衆の心を鷲づかみにするのにはワケがあります。

Ｍａｃやｉ Ｐｈｏｎｅで、世界を変えた故スティーブ・ジョブズ。その発想力も素晴しかったですが、世紀の発明を万人と共有してしまうスピーチ力も素晴らしかったのです。

ふたりに共通するスピーチの特徴は、一定のテンポとリズム感です。「魅き寄せ声」の法則その３（P.21）のとおり、早すぎず、遅すぎず、音楽を聴いているような「安定したテンポ」を刻んでいるのです。

実際、オバマの大統領就任演説や、スティーブ・ジョブズのｉＰｈｏｎｅ発表のプレゼンテーションは、一分間に60～65拍のテンポでリズムよく刻んでいて、ほとんど乱れません。思いがこもったフレーズで少し早口で70拍になり、また元のテンポに戻るのです。

ちなみに一分間に60～70拍は、成人男性の安静時の心拍数と同じテンポです。

つまりオバマ前大統領やスティーブ・ジョブズは、平常心を声のテンポで表現しているのです。だから安定感があり、信頼できるな、スゴい人だな、と思わせてしまうのです。

この安定したテンポとリズム感があると、聞き手が心を開き、スイスイと理解して、ときには感動すらしてしまいます。

早口の場合、口をしっかり開ける間がなく、音がこもってしまいます。さらに滑舌が悪ければ、声にブレやムラが生じ、何を言っているのかわからなくなります。聞き取りにくい部分があっても、矢継ぎばやにまくしたてられては、相手は聞き返す余地すらありません。結果、相手に十分な理解を得られなくなってしまいます。

早口で、キンキン響くテンションの高い声は元気というイメージもありますが、話の内容は相手の頭を素通りしてしまい、記憶に残りにくくなってしまいます。

早口は余裕のなさや落ち着きのなさ、自分勝手な印象を与えてしまい、同じことを話しても軽く受け止められてしまいます。

一方、ゆったりしすぎている場合。返事がはっきりしない人、間が悪い人と思われる可能性があります。「何を考えているかわからない」と思われないよう、テンポに気をつけましょう。

ボイトレは、リズム感を身につける訓練でもあります。一定のテンポに乗って発声練習をしたり、歌のレッスンをすると、普段の会話にも自然と聞いていて心地いいリズムが備わってきます。第5章のアプリと連動しているミニー・P式ストレッチボイトレや、第6章「歌ウマ」マル秘テクで紹介する「歌いながら体でビートを刻む」(P.155)、「ビートに歌詞をバシッと当てる」(P.156)トレーニングが大変役立ちます。

ボイトレは、実は耳のトレーニングでもあります。歌を歌うとき、自分の声だけを聞いていては、オケ(伴奏)のテンポから外れてしまいます。第6章で紹介する歌ウマテク

（P.152〜）でもご紹介するように、自分の声とオケは「半々で」聞かなければ、歌は上手になりません。

早口の人も、ゆったりしすぎてしまう人も、自分の声しか聞いていません。

ボイトレで耳が鍛えられれば、まわりの音や声、相手の応答のテンポに耳を傾けられるようになり、自分が早口すぎる、ノロノロしている、ことに気づいて、改善できます。

リズム感を磨くには、スマホのメトロノームアプリが便利です。だいたい「60」に設定して、それを聞きながらスピーチの練習をしてみましょう。リズム感が鍛えられ、一定のテンポでしゃべれるようになります。

「魅き寄せ声」の正体は「倍音《ばいおん》」。「倍音」には仕事も恋愛もうまくいく魔力がある

たとえばドレミファソラシドの「ラ」の音を出していても、私たちが発声する「ラ」には、いろいろな音が混ざっているって知ってましたか？ 単純な「ラ」の音の例としては、深夜にテレビの放送が休止になったときに出る「ピー」音。440Hz（ヘルツ）で発信されています。ちなみに、440Hzの「ラ」音には、楽器の調律や音合わせに使う音叉や、赤ちゃんの産声などがあります。「ラ」以外に出ている音を「倍音」といいます。ボイトレを続けていると、「倍音」が豊かになり、音の魅力が増していきます。いろいろな音が含まれる分、厚みと奥行きが感じられるようになるのです。

なぜ、ボイトレで「倍音」が出るようになるかというと、声帯がストレッチされて音域が広がるからです。今まで1オクターブしか音が出なかった人が、2オクターブ、3オクターブ出るようになると、同じ高さの「ラ」を出しても、高い音から低い音の要素が混ざり、声質に厚みと深さが増します。人は、豊かな「倍音」の声を持つ人に、面白いように魅き寄せられます。テレビの長寿番組の司会者や、歌ウマの歌手は、実に豊かな「倍音」を持っています。例えば黒柳徹子さん、歌手の西城秀樹さん、MISIAさんなどは素晴らしい倍音を含む声をお持ちです。同じことを言っても説得力があったり、面白かったり、歌声が心にしみて、泣けたりするのは、声に含まれる音の情報量が圧倒的に多いからなんですね。恋愛の場面では、さりげないひと言でも、倍音を含む声で語れば「殺し文句」に。人の心を魅きつけ、耳を傾けさせる豊かな「倍音」。ミニー・P式ストレッチボイトレで効果的に磨いていきましょう。

声の表情は、
顔の表情から生まれる。
しゃべったり歌ったり
するときは、顔の筋肉を
全部使うつもりで

関連ボイトレ
P.98

アーティストのプロモーションビデオ（PV）を見たことがありますよね。場合によっては顔しか写っていないときもありますが見ていてあきないですね。もしも今の自分がやってみたとしたらどうでしょうか？　きっと慣れている歌手に比べれば表情は硬く、目も口も大きく開くこともなく単調に見えてしまうかもしれません。

声に表情を出すには顔全部、さらに後頭部まで使います。顔や頭の筋肉が硬ければ、顔を動かすことができないので、表情は硬くなるわけです。まずはP.98からのエクササイズで顔の筋肉を柔らかくすることで顔の筋肉を動きやすくし、しゃべりやすくしましょう。

目のまわりには、ぐるりと取り囲むように筋肉があるのをご存じですか？　そこを指で押さえて、押さえた部分の筋肉を動かしてみましょう。初めはほとんど動きませんが、毎日やっているとどんどん動くようになります。今まで動かなかった筋肉が動いて、シワや顔のむくみがその瞬間に消えてゆくアンチエイジング効果も抜群です。やる前と後を写メしていただくとよくわかりますのでやってみてください。寝不足で顔がどうもシャキッとしない朝などもみるみるうちにスッキリしてきます。

目をパチリと開けるのは、頭を音響設備のいいホールにするスイッチ

強調したいポイントで目と口を大きく開ければ、声にアクセントがつき、自然と音量も大きくなり安定して、ここが大切なのかと相手によく伝わります。

ボイトレは最高の
呼吸トレーニング。
吸う息はなるべく多く
出す息はセーブして

関連ボイトレ

P.108

人前で何とかうまくしゃべりたいと思っても、次の言葉が思い出せなくなって声が上ずりひっくり返り、言いたいことは全部言えぬままスピーチの時間が終わり「ああ、今日もまたアガってうまくしゃべれなかった」という経験は少なからず誰にもあるはずです。

緊張すると筋肉は硬くなり、脳にも酸素が行き届かなくなり声は上ずります。上ずるという言葉どおり、いつもの自分のキーより上がってしまいます。そしてぎりぎりの地声の上までいってしまい、声が裏声に変わってひっくり返ってしまい、そんな自分の声を聞いてますます緊張してしまいます。すると脳に酸素が行かなくなり、記憶は途切れ途切れ、自分のことで精一杯になるため聴衆の顔も見られない。ゆえに、その場の雰囲気がつかめないままスピーチを終えることになります。

そんなときの対処法は、まず1回深呼吸して肩の力を抜き、上ずってきたら声の音程を下げることを思い出してみてください。キーがいつもの調子まで下がると、いつもの自分に戻れます。そして、練習した腹式呼吸を使いながら話を続けてみましょう。

ボイトレは呼吸と連動したトレーニングです。声帯を震わせるのは吐き出された息です。吐く息は、車でいう排気量のようなものです。排気量の多い車のほうが走りがスムーズなように、吐く息に余裕があるほうがよい声を出せます。660ccの軽自動車で山に登るのか3000ccもある乗用車で登るのかでは、乗り心地のなめらかさがまったく違います。

ミニー・P式ボイトレでは、肺の中の空気をより多く吸うのと同時に、なるべく吐き出さない、を心がけます。この2つのテクニックで息を長く持たせることができます。

腹式呼吸のやり方はP.108～109でご紹介していますので参考にしてください。そして腹式呼吸をするのと同時に、声を出すとき肛門を締めてみてください。肛門を締めると内臓が上がることはレントゲンでも確認することができます。そうすると腹筋の筋肉が使いやすくなります。息を吸って吐き出すとき、おなかはすぐに引っ込まないように軽く前に押し出すようにします。すると不安定だった声が安定します。

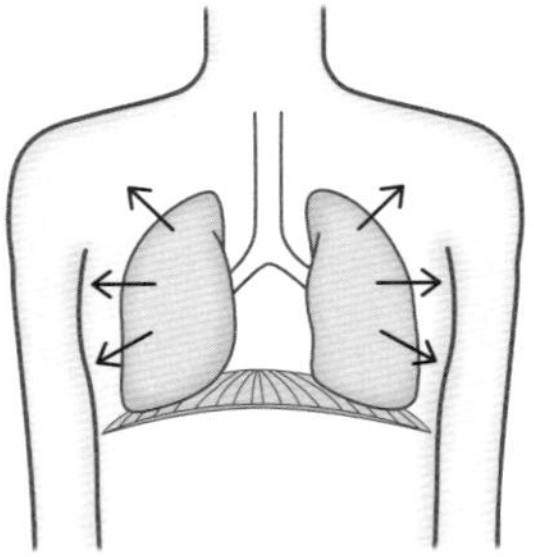

胸式呼吸

胸をふくらませることで、息を吸い込み、吐き出す呼吸。本来はろっ骨を広げて吸い込むが、現代人の胸式呼吸は肩で息をするような呼吸の浅い胸式呼吸になっていることが多い。これでは、豊かな声量のための呼気を確保できない

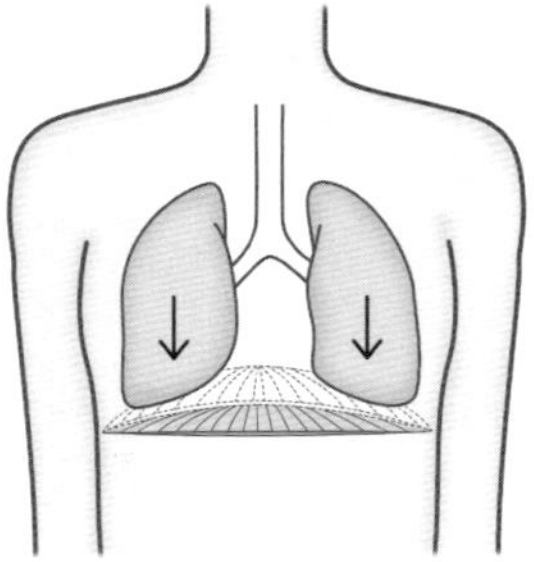

腹式呼吸

弛緩した状態では山状の横隔膜。おなかのほうに空気を取り込むイメージで空気を吸うと、横隔膜が収縮して平らに。それにともない、肺が下に引っ張られ、空気を取り込む。吐くときは腹筋を駆使して横隔膜の収縮を徐々にゆるめ、空気の出具合を調節。声量をコントロールできる

こうして腹式呼吸を身につけていくと肺活量も多くなっていきます。

ミニー・P式の発声をすると、サウナに入ってもなかなか汗をかかないという女性でも、真冬の寒い日でも、途端に体が熱くなり軽くジムにいったような状態になって、健康増進にもつながります。

腹式呼吸の人がひとりいるだけで、その落ち着いたオーラから、まわりの人も自然に深い呼吸になり前向きになっていきます。「ウイングス ミュージック スクール」の生徒さんにはシンガーや俳優、アナウンサー以外にも企業の社長さんや大学教授など、たくさんいらっしゃいますが、不思議とボイトレを続けるほどに業績が伸びたり、ますます人気のある教授になったりしていきます。

声は波動ですから、自然によい波動のすべてを魅き寄せているんですね。

ここで、もうひとつ息を長く持たせるテクニックをご紹介します。日本語は、か行、さ行、た行、は行をしゃべるとき、息を吐き出して発音します。ですので、母音を発音するより多くの息が必要になるのです。

母音のみの「あいうえお」(AIUEO)を発音するときは、あたたかい息がふわっと出るくらいです。それが、子音が加わったさ行「さしすせそ」を発音するときは、「さっ」と多くの息が出てしまいます。ローマ字で書くと、「さ」は「SA」ですが子音の「S」のあとにある母音の「A」をちゃんと発音してみてください。息をセーブすることができます。

これは自分の口に手を当ててみればすぐにわかると思います。普段のカジュアルな会話ですと「そうよねえー」とか「なるほどー」という言葉をよく使いますよね。そのとき、「ねえー」とか「どー」と子音で伸ばすのではなく「ねええ」とか「どおお」というふうに母音で伸ばせば、息をセーブすることができます。実はこれは歌のテクニックですが、普段息がもたなくて大変だと思う人はぜひ会話にも応用してみてくださいね。

母音を意識して発声するとストレスを発散できる

関連ボイトレ

P.116 P.110

母音は、息を節約できるだけでなく、ストレスを発散する効用も。人間の長い歴史で、言語ができる前、誰かに感情を伝えるときの声は「うぉー」とか「あぁ」という音でした。それが次第に、子音のついた言葉に変化していったわけです。子音のついた音ばかり発声するようになった現代人は、感情をストレートに表現しづらくなり、ストレスに。喜びや悲しみなど、感情を表す言葉の多くは、今でも「あぁ」とか「おぉ」とか、母音が多いのです。

特に日本語は、子音に重きが置かれ、そのあとの母音は意識せずに発音される言語です。ヨーロッパの言語には母音を強調したり、長く伸ばしたりして感情を表現する言葉が多いのに対し、日本語には母音で感情を表現する言葉が少ないという事実があります。

そんな日本語も、歌を歌うときはメロディに合わせて母音を長く伸ばします。

だからカラオケで歌うと、気分がすっきりするのです。ミニー・P式ストレッチボイトレも、「あ〜う〜あ〜」「う〜お〜う〜」と母音を長く伸ばすレッスンをたくさん行います。ボイトレは一見単調に見えるトレーニングですが、実際行うと気分がすっきり。「ウイングス ミュージック スクール」でボイトレをしている生徒さんも、レッスン後は表情が見違えるように明るくなっています。それは、母音をしっかり発音して、長く伸ばすからなのです。

山で「ヤッホオォ〜〜〜」と大きな声で母音を伸ばしたり、イヤなことがあったとき海に向かって「バカヤロオォ〜〜〜」と思い切り叫んだりすると、ハレバレとした気分になるのも同じこと。でも、なかなかそんな機会もありませんよね。だからこそ、ストレスがたまりやすい人には、ボイトレがうってつけです。

P.107からで紹介するミニー・P式ストレッチボイトレは、まさに母音をしっかり長く伸ばすレッスン。本書にあるバーコードの無料アプリで、私が演奏するピアノの伴奏とともにレッスンできますので、ストレス発散を兼ねてぜひ試してみてください。

ミニー・Pの

魅き寄せ声コラム

vol. 1

title: 美容の賢者が次々に ミニー・P式ボイトレを始めるワケ

小田ユイコさんという美容ジャーナリストの方が、アンチエイジングボイトレの取材で私のスクールに体験レッスンにいらしたのは2年少し前のこと。小田さんは多岐にわたる美容の記事を書かれていらっしゃいます。そんなたくさんの体験の中でも、私のボイトレがトップクラスの美容効果があるといってすぐに入会してくださいました。

そのあと美容ジャーナリズム界の重鎮たちが、その噂を聞きつけて、たくさんスクールに入会されることになったのです。美容業界の方々はとても流行に敏感で、皆さん若く、おしゃれで素敵な方々ばかりです。ボイトレに対してもとても情熱があって、まじめで、年齢に関係なく素晴らしく成長していらっしゃいます。

その理由はとても純粋で素直なことのほかに、あらゆる体にいいこと、美容にいいことをすでにたくさん経験をしていらっしゃっていて、何がよいのかを見抜く素晴らしいセンサーと直感力をお持ちだからだと思います。

もしかしたら、この中から将来歌手になる人も出てくるのではないかとひそかに楽しみにしている今日このごろです。

理論編

3 アンチエイジングボイトレでスピーチもうまくなる

Improre your speeches today with anti aging voice training

運動も、食事も、美容も、

ファッションも気を使って

若さをキープしているのに、

「声」だけを置き去りにしていませんか?

声の老化は体の老化。肌と同じで乾いて硬くなる

声が老化すると、おおむね女性は声が低くなり、男性は高くなります。

声の源である声帯は粘膜でできていますが、萎縮し硬くなってしまうのです。しかも、年齢を重ねるとともに唾液の分泌量が低下するので、声帯が潤わなくなります。皮膚が年齢とともに潤いが減って、硬くなったり、たるんだりするのと同じですね。

高い声を出すには、声帯がしっかり伸びなければなりません。ところが女性の場合、この伸びが悪くなり声帯が太くなるため、声が低くなります。一方低い声を出すには、厚みのある声帯が必要です。男性の場合、声帯が委縮して薄くなることで、逆に声が高くなってしまいます。年齢を重ねると、女性は男性化し、男性は女性化して、性別がわかりづらくなっていくといいますが、声の点でも同じ。女性らしさ、男性らしさをキープしたまま、年齢を重ねていくには、どうしても声を鍛えなければなりません。

声帯を委縮させないためには、男性も女性もボイトレで高い声から低い声まで出して日ごろからしっかり伸び縮みさせ、声帯や、声帯を支える筋肉の血流をよくしておくのが効果的です。音程のない言葉だけのボイトレは声帯の伸び縮みが少ないのでアンチエイジング効果は低いのです。また、しっかり水分を取って、のどを常に潤わせておくことも大事です。ヨガの「行」のように、なるべく口にだ液をため、それをかむのもおすすめです。だ液の分泌がよくなり、のどが乾きにくくなっていきます。

声が老ける理由として、お酒やタバコ、運動不足で肺活量が減る、全身の筋肉がこわばって音が共鳴しない体になってしまう、表情筋や口、舌を動かす筋肉が衰える、のどだけで発声する、顔を動かさずに話すなども大きな原因。「ミニー・P式ボイトレ」では、ごく簡単なトレーニングで声帯の萎縮を食い止め、肺活量を増やし、全身の筋肉をリラックスさせて、顔をしっかり動かし「魅き寄せ声」へと磨いていきます。

声の老化がストップし、若々しくハリのある声へと磨かれると、自然と若い人とも交流が増えるようです。企業のトップの方からは、部下とのコミュニケーションがスムーズになった、取引先に「成長株」という評価を得た、という話をよく聞きます。大学教授やインストラクターなど、教える立場の方からは、受講生が増えたという報告を受けます。美容関係者からは、声が若くなって、メイクやスキンケアで磨いた顔だちが若づくりには見られなくなったという感想も。声は若さのバロメーター。ボイトレはジムやエステと同様、大人に欠かせないメンテナンスなのです。

声帯の老化って?

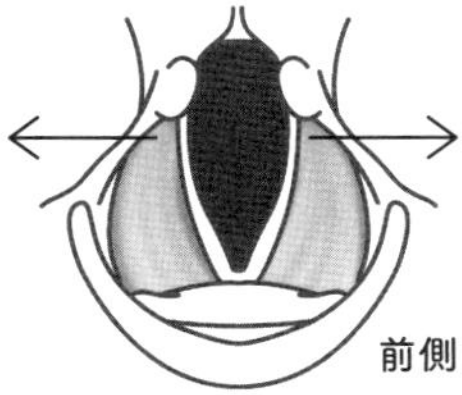

呼吸をしているときの声帯

黙っているときは、声帯のひだが開いて、空気が出入りしている

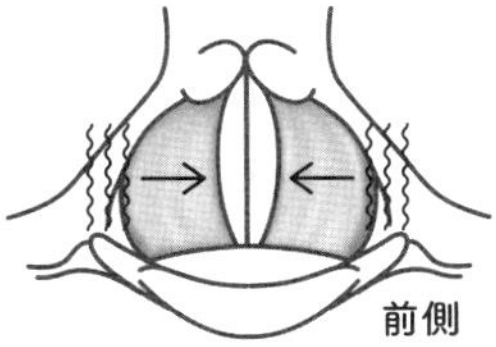

声を出しているときの声帯

声帯のひだが閉じ、肺から送られてきた空気が声帯にぶつかって、ひだが振動することにより音が生まれる。老化すると声帯のひだがしっかり閉じなくなって空気がモレたり、伸び縮みが悪くなって高い音、低い音が出しにくくなる

「ミー・P式ボイトレ」は究極の顔ヨガ&表情筋トレ

ボイトレはアンチエイジング効果も実はスゴイのです！　それは顔や口、舌を目いっぱいよく動かすからです。レッスンの前とレッスンの途中、レッスンのあとに写真を撮って比較すると、目がぱっちり開いて顔のむくみがすっきりしてシワが取れ、顔色も明るくなって、大変喜ばれます。

特に日本人は、口を大きく開ける習慣がないせいか口の動きが少ないですね。そうした長年の積み重ねが、表情筋をこわばらせ、年齢とともに表情、表現力、伝達力を奪っていくのです。

ボイトレでは、これでもかというくらい口を縦に大きく開けて、「アヒルちゃん？」というくらいに唇を前に突き出します。目もカッと大きく開けますし、発音をクリアにするには、舌を意識して動かさなければなりません。これだけ顔を総動員させれば、

流行の顔ヨガを全メニューをこなしたくらいの「顔総動員」運動により、ストレッチ効果、血流アップ効果が望めます。

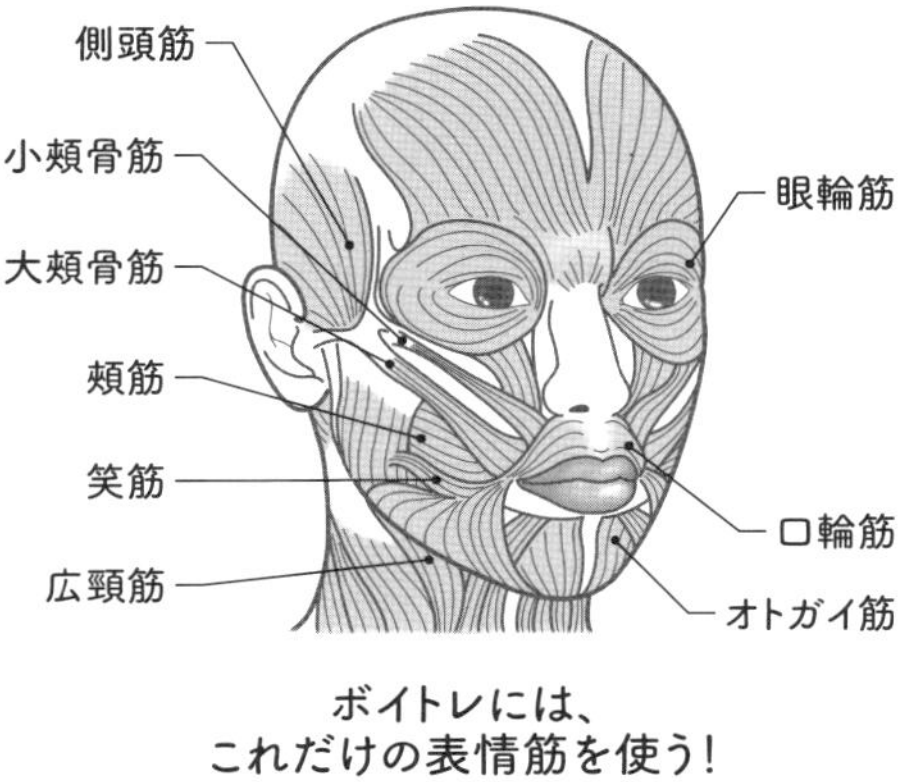

ボイトレには、
これだけの表情筋を使う！

口まわりだけでなく、頬、額の表情筋、側頭部、首のほうまで筋肉を総動員して発声

以下は「ウイングス ミュージック スクール」の生徒さんから聞いたもの。美肌、美顔効果は実にさまざまです。

- **目尻のシワが取れた**
- **目袋のたるみが消えた**
- **ほうれい線が消えた**
- **肌のキメが細かくなった**
- **唇の縦ジワがなくなりプルンとした**
- **鼻の下が伸びていたのが引き締まった**
- **肌に透明感が出た(白くなった)**
- **あごの下のタルタルが引き締まった**
- **顔の下半分がシュッとした**

などなど。それまでどちらかというと無表情だった人も、目がキラキラと輝いて、口角が上がり、頰がバラ色に輝くようになるのは、「顔総動員」作戦の成果です。

初めのうちは顔の筋肉がうまく動かせずヘン顔みたいと恥ずかしがっていた人も、声がよく出るようになると「ヘン顔」ではなくなり、自分の顔に自信が持てるようになります。

ミニー・Pの

魅き寄せ声コラム

vol. 2

title:

ボイトレの顔ヨガ効果で、永遠に美容医療いらず!?

むしろボトックスを打つと「魅き寄せ声」が出なくなります

美の追求の仕方には、人それぞれ考え方がありますから、美容医療をダメとは言いません。でも、ボトックス注射を打つことはおすすめしません。表情筋を自由に大きく動かせなくなり、「魅き寄せ声」に欠かせない口を縦に大きく開ける動作や、目を思い切り見開く表情が難しくなります。天性の声と魅力的な「倍音」の持ち主で、名曲をいっぱい歌っているベテラン歌手でも、ボトックスを受け続けると、以前のようには歌えなくなってしまいます。

ボイトレでは、はじめはダルくなるくらい顔を動かします。まさに顔ヨガであり表情筋トレです。「ウイングス ミュージック スクール」に通う生徒さんは、男女ともに目のまわりのシワやたるみはどんどん目立たなくなって、若さをキープしています。

「ミニー・P式ボイトレ」は人生100年時代を見据えた「肺活」でもある

皆さんは、自分が何歳くらいまで生きると思いますか？

２０１７年に発表された厚生労働省の簡易生命表によると、日本人の平均寿命は、男性で81・09歳、女性で87・26歳と、過去最高を更新しています。寿命はまだまだ延びるかもしれず、人生１００年時代もそう遠くはないと言われていますね。

日本人の死亡原因の上位に位置するのが肺炎。１位はがん、２位は心疾患、３位は肺炎で、肺炎は脳血管疾患の脳卒中を上回っています。なかでも深刻なのが、誤嚥性《ごえんせい》肺炎。食べ物や飲み物が食道ではなく、誤って気管から肺へと入り、炎症を起こしてしまう症状です。

誤嚥の原因は加齢による、のどの筋力の低下。筋力が衰えることで、気管が開き、食べ物、飲み物、だ液が入りやすくなってしまうのです。

そこで、今注目されているのがボイトレ。高音と低音を出すことによって、のどの筋肉が鍛えられるからです。また、口や舌をしっかり動かすことによって、嚥下《えんげ》がうまくいき、誤嚥を防止できるともいわれています。

ボイトレは、肺そのものもいたわります。肺を元気にするには、とにかく新鮮な空気をたくさん取り込み、しっかりと吐き出すことが大切。そのためには横隔膜を上下させる腹式呼吸が欠かせません。

「ウイングス ミュージック スクール」には、肺がんを患い、肺の一部を失った状態で入会された生徒さんもいらっしゃいます。初めてお会いしたときには話していてもときどき息切れし、一曲歌うのが苦しい様子でした。

ところがボイトレを始めてからまもなく会話中の息切れもなくなり、一年たつころには息つぎが少ない難しい曲を、普通の人以上の声量で歌えるほどになりました。二年たった今では、みずみずしくなめらかな「魅き寄せ声」がとても魅力的です。とある優良企業の社長さんなのですが、社長業も以前にも増して精力的に取り組んでいらっしゃいます。

肺が元気になれば、持久力がつき、仕事にも、スポーツや旅行などの趣味も楽しめるようになります。人生100年時代を見据えて、ボイトレで「肺活」を。「魅き寄せ声」を手に入れながら健康寿命を延ばせるなんて、一石二鳥ですね！

スピーチのできる カッコイイ大人になる

随分前の話ですが、LA《ロサンゼルス》でサルサのコンベンションがあり、ラテン部門でグラミー賞をとった「スパニッシュ・ハーレム・オーケストラ」というラテンバンドのメンバーが来て、１週間LAのホテルに泊まり込みでレッスンを受けられることになりました。そして最後の日にオーディションがあり、それに受かったらLAのハリウッド・パークで彼らと一緒に数千人の前で演奏できるということで、挑戦してみることにしました。

参加したはいいものの、世界各地から腕利きのラテンミュージシャンたちが大集合！サルサはあまり弾いたことがなかった私は、大慌てでレッスンから帰ってきたら寝ないで朝まで毎日練習し、オーディションの日を迎えました。幸運なことにオーディションに合格し、晴れてグラミーウィナーと演奏することができました。そのリーダーのオスカー・ヘルナンデスとは今でも仲良くさせていただいています。

素晴しかったのはそのことだけではなく、サルサコンベンションに従事するミュージシャンから事務の女性まで、スピーチのなんと洗練されてうまいこと!!　スピーチで度肝をぬかれた最初の経験でした。オスカーをはじめとしたミュージシャンたち、ビバリーヒルズにお住まいのボランティアで事務をしてくれた女性。みんなみんな素敵な声と表情、そしてレッスンであろうが、あいさつであろうがいつもユーモアと笑いと感動、そして時には涙がある!!　なんて素敵なんだろう！　しゃべる皆さんが、全員がプロスピーカーのようだったのを今でも鮮明に覚えています。

人前できちんとしゃべれるだけで、こんなにも尊敬されるのか！　私も、自分らしい声でいつかあんなふうにみんなの前でしゃべれたら素敵だな、と思ったものです。

あれからさまざまなイベントでゲストスピーチをするなど話す機会をいただいてきましたが、私のスピーチは、いつもあのときの皆さんのスピーチが軸となっています。

スピーチで素敵と思えるポイントをまとめると

1 リラックスした呼吸とその人らしい声
2 表情と声色の豊かさ
3 笑いとユーモアと感動。時には涙
4 テンポが一定している
5 聴衆全員の目を見て、ひとりひとりに話しかけるように話す
6 ステージでは身ぶり手ぶり、そして場所によっては、歩いてステージを広く使う
7 大事なところにアクセントをつける
8 キラキラ光る目をイメージして話す

こういったことに気をつけて次回のスピーチやおしゃべりに臨んでみてください。

人を魅了するオトナスピーチは、日ごろのネタ帳作りと録画の自撮りで鍛える

人を魅了するオトナスピーチのための方法をご紹介します。

新人アーティストは、曲と曲の間のおしゃべり（ＭＣ）が初めはなかなかうまくいかないものです。ベテランアーティストになると、たとえば天気の話だけでも面白く表現できます。

それにはまずはネタを仕込んでおくことが大事です。今日からアーティストになったつもりで、ネタ帳をスマホの中に作って気づいたことを書いていきましょう。おしゃべりはネタがないことには自信を持って話すことなどできません。何にでも興味を持って面白いことを常に探してください。そのうちに自分のまわりに面白いことが起こってきます。

それは「カラーバス効果」として知られています。たとえば家を出る前に「赤」という色を意識したら赤い屋根、赤い服、赤い信号というふうに赤いものばかりに気がつくようになる現象と同じで、心で何か思っているとそれを引き寄せてくるのです。私はこの「オモシロ現象」のおかげで毎日どんどん面白いことが起こり、ここまできたと言っても過言ではありません。少々イヤなことがあっても、「面白いね」と思ってしまうと笑えてしまうのです。悩んでいても笑っていても過ぎる時間は一緒です。

それなら楽しい時間を過ごしたほうがいいですよね。そんな単純なものじゃないと思われるかもしれませんが、ネタを探しているうちに人生まで面白くなってくるなんて最高です。

ネタができたら、自分のスマホのビデオに録画してみます。恥ずかしいかもしれませんが、初めはみんなそうなのです。慣れてくるといつも自然にネタを探せるようになり、それがおしゃべりにつながり、ネタ帳がなくてもビデオを撮らなくても自然にできるようになります。

こういったエクササイズは毎日の日課にしてスケジュールに取り入れていってください。たとえば朝起きると「面白いネタ探すぞー！」と家を出て学校や会社で起こったこと、通勤やお昼のランチで起こったちょっとしたことを、ネタ帳にメモしておきます。

帰りの電車でネタ帳をチェックして話す内容をまとめます。そして帰ったらスマホに向かってその小ネタを録画するのです。

そのビデオを見れば直したほうがいいポイントがいくつか見つかります。そうしたら、次の日にそれを踏まえてまた新しいネタを録画、というふうに続けていきます。やっていくうちに人前でのスピーチやおしゃべりもうまくなり、不思議なことに人生もさらによい方向へと変わっていくのです。

何度も繰り返す「ひとりリハーサル」が結婚式やプレゼンなど大きな舞台でのオリジナリティを生む

結婚式など大きな舞台のスピーチで多いのが、書いた原稿を読むパターンです。せっかくのいいエピソードも、原稿があると棒読みになりがちです。私のメソッドでは、本番で原稿は読みません。10分も15分もある原稿を覚えられないと思うかもしれませんが、私も文章を覚えるのは大の苦手です(笑)。

そんな私でもできる方法をここでご紹介します。最初は原稿を作りますが、そのときしゃべりながら書くことです。しゃべらないで書くと、自分が普段使わない言葉になったり、口に出して読んでみると不自然だったりします。原稿ができたら、何度も声に出して読みます。次に、話の段落のトピックだけを書き出して、スピーチしているところをスマホのビデオで自撮りし、それを見て自分の状態をチェックします。次の日からはもうトピックのメモを見ないで、ビデオで撮影します。話の順番を飛ばしてしまったり、話が横道にそれてしまいますがそれでOK。そのときはダメだったなあと思っても、録画を冷静に見てみると案外良かったりします。そうしてどんどん細かい修正を繰り返し、当日まで続けるのです。1回や2回でうまくならなくても、あきらめずに続けてください。スピーチを聞くのはあなたではなく、お客さんです。毎日、少しずつ上手になっていきます。私がLAで感動したスピーチをされた方々は、小さいころから訓練してきた結果だったのです。以下にポイントをまとめましたので、ぜひチェックしてみてくださいね。

1　目線が泳いでいないか

2　まばたきが多くないか

3 文章が終わるごとに首を縦に振りながらしゃべっていないか
4 「えー」が多くないか
5 文と文の間に間はあるか
6 滑舌が悪かったり、声がこもっていないか
7 一定のテンポで話せているか
8 話の起承転結はちゃんとできているか
9 強調するところで声を大きくしたり目を開けたりしているか
10 早口すぎではないか
11 声は一定の大きさでちゃんと出ているか
12 表情はあるか
13 ユーモアはあるか
14 感動はあるか
15 笑顔はあるか
16 人間としてかわいげがあるか

女性でも男性でもオトナでも子どもでも、どんなに偉い人でもかわいげが大事だと思っています。あたたかい気持ちと人に誠実に接して生きる人には、必ず「かわいげ」があります。自分で自分をかわいいと思えるまで、録画をチェックしてみてください。

「魅き寄せ声」のための
ワンポイントアドバイス

Q.

**のどからよく風邪をひきます。
イガイガしたらどうしたら？**

A.

**まずはうがいをして、マヌカハニーをなめ
マスクをしましょう**

イガイガとは、のどが乾燥し、雑菌が繁殖し始めている状態です。まずはうがいをし、個人的にはヴェレダのマウスウオッシュを使ってうがいをします。その後は、カフェインを含まないハーブティーやスープで体をあたためて。そして、抗菌作用で知られるマヌカハニーをなめるのもおすすめです。さらに私は抗菌作用の強いオリーブの葉の粉末がカプセルに入っている自然の抗生剤といわれる「オリーブの葉」を飲みます。これは２週間以上は続けて飲めません。そしてなるべくマスクや加湿器で保湿を心がけて。これで私は１年間風邪知らずです。

ドクターからひと言

脱水症状であれば、声帯もみずみずしさを失います。水分をこまめに取るとともに、寝ているあいだの湿度調節も肝心。冬は暖房で乾燥させないよう、加湿器を使いましょう。（ドクター加藤）

理論編

4

Everybody will instantly love
you more and want you!

「魅き寄せ声」で異性にモテモテ

自分の声が嫌いな人は

自分を心から愛せない。

自分の声が好きな人は、

自分も他人も

心から愛することができます。

「この人といつも一緒にいたい」と思わせるにはまず自分の声を好きになること

関連ポイント
P.126 P.114

好きな異性の前では、誰もが気弱になりがち。こんな自分を受け入れてもらえるだろうか、と自分の弱点ばかりが気になり始めるものです。

ただでさえ気弱になっているところに、自分の声に自信がない、あまり好きじゃないと思っていたら、まともに伝えたいことも伝えられませんね。

ボイトレは、自分の声を磨き、好きになるトレーニングです。第5章で紹介するように、自分の声を録音して聞くことも大切なトレーニング（P.148）。ボイトレ中で、まだまだ納得がいかない声であったとしても、少なくともどんな声が相手の耳に届いているかを知っていることが大事。それだけで、好きな異性の前で落ち着いて話すことができます。好きな人とはもしかしたら、LINEやSNSのメッセージでやりとりすることが多いかもしれません。相手に電話をかけて、留守電にメッセージを入れることも少なくなりましたね。大好きな人へのメッセージを、たとえばLINEのマイクマークの音声データや、ときには留守電に入れることもあるかもしれません。そんなときの音声メッセージをイメージしながらスマホのオーディオレコーダーで自分の声を録音してみましょう。

繰り返し録音を聞き、自分の声に慣れてくると、自然によいところが見つかるようになります。自分の声が好きになり、好きな異性と話しているときも、自分の声を楽しめるようになってきます。「魅き寄せ声」は胸や体に響きます（P.146）。その振動は心地よいものですし、テンポも安定してくるので、まるで歌を歌っているように話せるようになります。

リラックスして、楽しく話せれば、あなたが好きな異性との時間を楽しんでいる様子が相手にも伝わり、相手もうれしくなってきます。

「この人と一緒にいると、何だか楽しいな」「いつも一緒にいたいな」と思ってもらえるようになるのです。

声というのは、意外にも自分の精神や思いがかなり伝わってしまうものです。だから私は、いつも本心から「人に親切にする」ことを心がけています。そうすると、隠すものがないから、人と接するときいつも自然体でいられるのです。

どんな自分になりたいのか、どんな自分に見られたいのかをイメージして、内側からも自分を磨くことで、より幸せな自分へと近づいていきます。そうすると、いつもリラックスしていられるので、話す声にも力みが抜け「魅き寄せ声」が簡単に出せるようになります。

相手の会話にかぶせてはダメ！　フレーズ終わりの響きまで堪能する「余韻系男子」「余韻系女子」がモテる

「魅き寄せ声」で自信が持てるようになると、相手の発言が音楽を聴くようにフレーズの終わりまでしっかり聞こえ、自分の発言もフレーズ終わりを意識するようになります。

人の声でもっとも気持ちいい部分はフレーズ最後の「余韻」だからです。

カラオケでもそうですよね。上手な人の歌を聞いていて心地いいのは、フレーズ終わりにビブラートがかかり、えも言われぬ余韻が生まれるからです。音楽用語ではリバーブ（残響）といい、ミックスのときに欠かせないエフェクトです。なぜなら、そこに思いや情景、色気が表れるからです。

人が話し終わる前に会話をかぶせてしまったり、やたらと相づちを打ったり、「はいはい」と合いの手を入れすぎる人は、好きな相手のもっとも素敵でセクシーな部分を聞き逃しています。そんなせっかちな人は、たたみかけるように話しがちなので、自分の発言にも余韻がありません。人の会話に自分の声をかぶせてしまう人は、頭の回転が早くて「間」が怖い人が多いです。会話が途切れて無音になるのを恐れているのですね。

会話のあいだの間の空白は、「無」ではありません。

相手への思いやりの時間でもあるのです。

しかも、人は「間」の時間で、相手の気持ちを読み、考えます。余韻で適度な間をもたせることは、相手への思いやりなのです。

モテる人は、この「余韻」を楽しんだり、提供したりするのが上手です。

「今日の服、似合ってますね」と言われたとき、すぐさま照れ隠しに「え〜？　そうですか」などとかぶせずに、相手の「似合ってますね」の「ね」の余韻を楽しみましょう。その余韻を堪能してから、相手の目を見て少しほほえんで「ありがとう」と言えば、相手は褒めたことを本当に喜んでくれているとわかり、もっと褒めたくなります。

さらに「あなたと食事をするから、頑張っておしゃれしてみたんです」の「す」に余韻を残せれば、あなたも「魅き寄せ声」上級者ユーザー。「次の日曜日も会えませんか？」と聞かれる可能性大です！　その場合も、「か？」の余韻をしっかり堪能してから、「空いてますよ」と答え、「よ」に余韻をもたせましょう。

この余韻コミュニケーションで確実に、恋の炎が燃え上がることうけあいです（笑）。

ちなみに、「余韻系男子」「余韻系女子」は、異性にだけモテるのではありません。同性にも人気が出ます。しっかり話を最後まで聞いてくれて、自分のことをよく考えて発言してくれる人は、誰にとってもありがたい存在。「間」がいい人に、大人の余裕が感じられるのには、そんな秘密が隠されているのです。

ミニー・Pの

魅き寄せ声コラム

vol. 3

「ウイングス ミュージック スクール」で
title: 生徒さんによるライブを年3回行うワケ

column for your attractive voice

私が校長を務める「ウイングス ミュージック スクール」では、生徒さんによるライブを年３回行います。ライブハウスを借り切り、生バンドを入れて、事前にリハーサルも行う本格的なものです。スクール創設から23年。計68回のライブを行ってきました。年に３回は多いのでは？と思うかもしれませんが、観客の前で歌を歌うことは、カラオケとは違い、ボイトレの点でも大きな意義があるので、可能な限り出てくださいと、生徒さんに伝えています。

ライブでは、曲に合わせて、歌い方、ステージパフォーマンス、衣装、ヘア＆メイクまであえて非日常的なセルフプロデュースをしていただきます。セルフプロデュースは自分を客観的に見ながら、聴衆に自分の意図したものを伝えられるかの訓練です。この経験が、日常の舞台でのスピーチやコミュニケーションに生かされ、どんな場所でも緊張せず、柔軟に対応できるようになるのです。

本音でしゃべる声とそうじゃない声を人は本能で見抜きます

ウソをつかれたことがありますか？　そのとき、何となくイヤな感じがその人の声にしませんでしたか？　たとえば道で怪しそうな勧誘をされたときの声を思い出してみてください。とてもいい気持ちにはなりませんよね。人の本能は微妙に人の本音と建前を聞き分けているのです。

誰かに本気で協力してもらいたいとき、でもその人にもかなり迷惑をかけてしまうけれどどうしても協力をしてもらいたいと思ったとき、本気で結婚してもらいたい彼や彼女にその話をするときに、相手にどのような声で何を伝えますか？

本音で素直にシンプルに伝えるのが一番です。

人間は本音を話すときの声が、一番自分らしい魅力的な声なのです。

胸に手を当てて、胸に声を響かせながら、ぜひ本音で普段から話をしましょう。

さぁ！いよいよここからは実践編です。
今日から自分で
ボイトレ始めましょう。

実践編

5

How to train your voice
using Minnie's techniques

「魅き寄せ声」が自然と出る！

自分でできる ミニー・P式 ボイトレ

声は、人生の宝物。

ていねいに磨いて使えば

生涯、幸運をもたらすパートナーに。

LESSON 1

今すぐできる！どこでもできる！「魅き寄せ声」テクニック7

ミニー・P式「魅き寄せ声」即効変換テクニック ― 1

「背腰一筋ピン！」リセット

全身に響く「魅き寄せ声」を出す、基本にして究極のテクニック。呼吸がしやすく、のどを圧迫せず、口をしっかりと開けて話したり歌ったりできます。特別なときでなくても、誰かに話しかけるときは常にリセットしましょう。

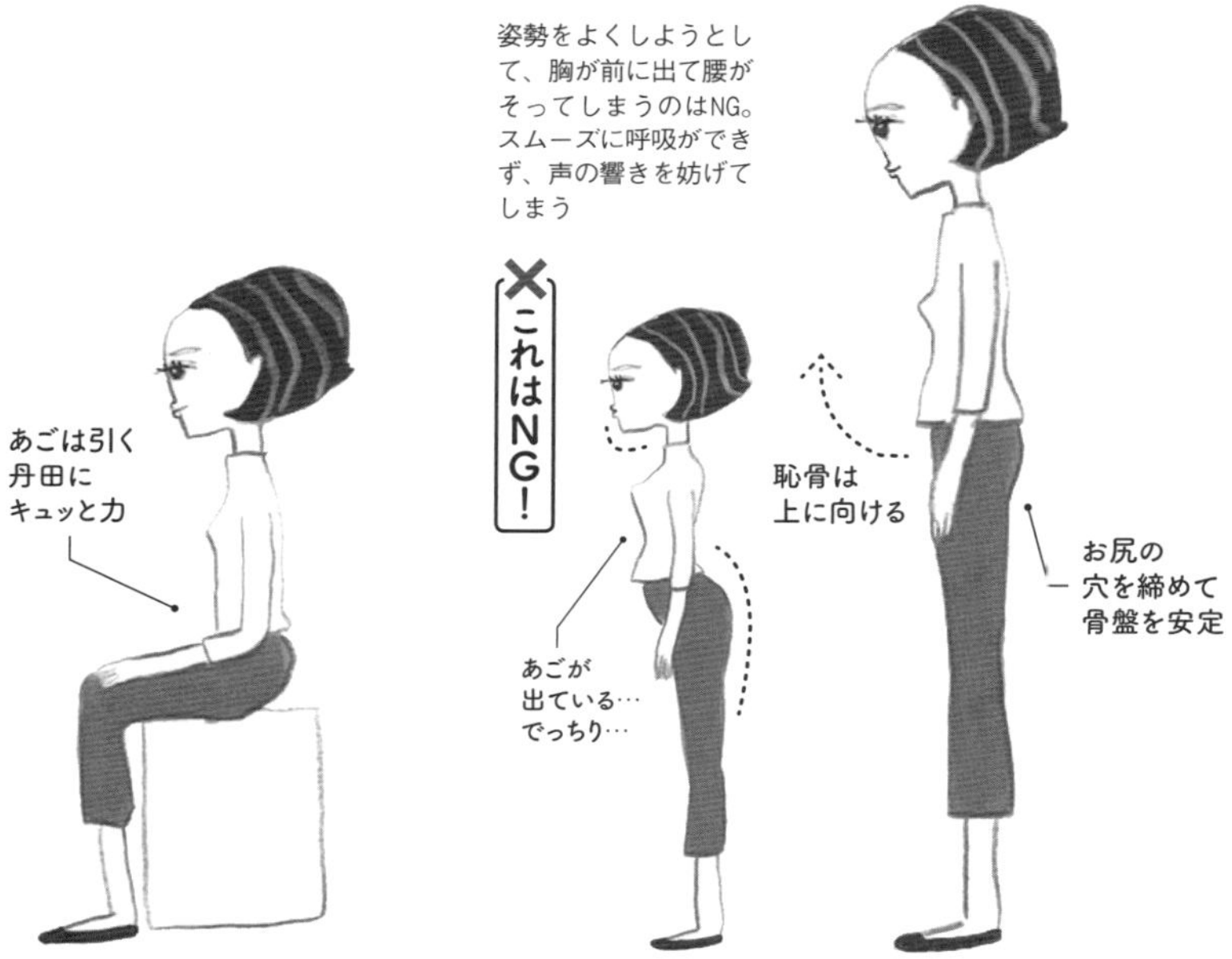

◦ 背腰一筋ピン！座り

座骨（お尻のつけ根を触るとわかる左右二つのグリグリ）で座り、骨盤が後傾しないように立て、安定させる。あごを引き、頭のてっぺんが天井からつられている感じに。胸を開いて、首と肩から力を抜きます。丹田（下腹部）にキュッと力を入れて

◦ 背腰一筋ピン！立ち

「背腰一筋ピン！」の姿勢になる具体的なテクニックです。頭のてっぺんが天井からつられている感じに。あごを引き、胸を開いて、首と肩から力を抜き、手をブラブラにします。骨盤を締めて安定させ、丹田（下腹部）にキュッと力を入れて。膝と足首はガチッと固めないようフレキシブルにしておきましょう

ミニー・P式「魅き寄せ声」即効変換テクニック ― 2

ハンドジェスチャー

緊張やあせりで声がこもってしまうときも、手ぶりをつけて話すと、驚くほど声が前に出ます。「魅き寄せ声」即効変換テクニック3でご紹介するように手首をよく回しておくと、リラックスして、なおさら「魅き寄せ声」に！

手のひらを上に向け、腕を前に出す

手のひらを上に向けるだけで目がパチッと開き、口が縦に開きやすくなって、声がスムーズに。腕を前に出すと前向きな気分で生き生きと話せる

手をポーンと投げ出す

広い場所や、遠くの人に声をかけたいときに効くテクニック。手をポーンと投げ出すように腕を伸ばすと、手の勢いに声の勢いが乗り、「ミニーさ～ん！」と遠くまで響いてハリのある大きな声が出ます

ミニー・P式「魅き寄せ声」即効変換テクニック ― 3

「声のストッパー」はずし

首・肩甲骨まわりのコリは、声のストッパー。ガチガチ状態では「魅き寄せ声」を出せません。上司に何かを報告するとき、後輩に何かをお願いするとき、好きな人と待ち合わせしているとき、すかさず首と肩甲骨をゆるめて。

肩甲骨まわりをゆるめる

肘を曲げ、肩を回す、後ろに5回まわしたら、前にも5回。肩を上げるときは首がすくむくらい思いっきり上げ、肘が後ろに行ったときは肩甲骨を寄せて

首をゆるめる

ゆっくりと首を回す。5回まわしたら、反対側にも5回。コッていて回しにくかった部分がスムーズになるまで続けて

ミニー・P式「魅き寄せ声」即効変換テクニック ― 4

回せるところは「全部回し」

座ってばかりの体勢、スマホやPC作業で、手首、足首、腰は思いのほかガチガチにこわばっています。「回せるところは全部回す」とインプットしておき、気分転換時にマメに回しましょう。関節が柔らかくなると体がリラックスして「魅き寄せ声」に。

○ 腰をゆるめる

トイレに立ったときなどに。腰に手を当て、上半身は動かさないようにして、5回まわす。反対側も5回

○ 手首をゆるめる

スマホやPC作業が続いたら、手首を回して。5回まわしたら、反対側にも5回

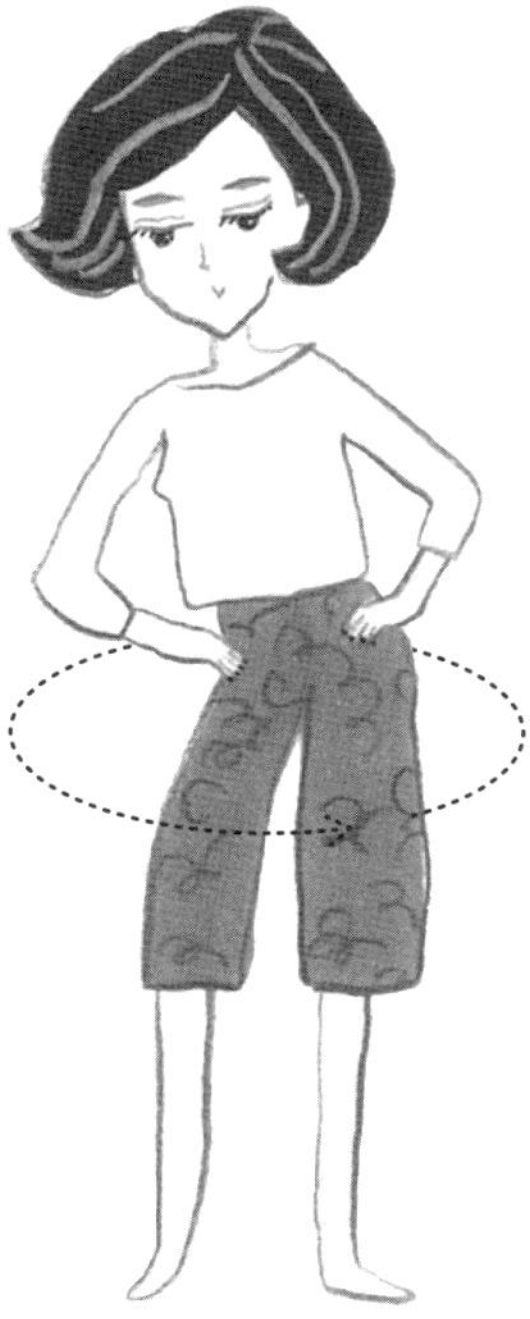

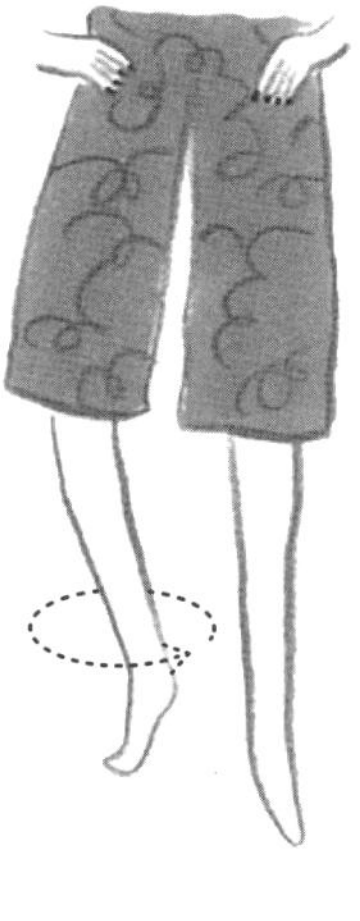

○ 足首をゆるめる

長時間座り姿勢が続いたら、ときどき立ち上がって足首を回す。5回まわしたら、反対側にも5回

ミニー・P式「魅き寄せ声」即効変換テクニック ― 5

頭まわりの「筋膜はがし」

ストレスや頭の使いすぎで、忙しい人ほど頭がガチガチ。筋肉のまわりの筋膜が癒着して、固まった状態に陥りがちです。次ページのように口を縦に大きく、目をパチッと開けるためにも、頭に声を響かせるためにも、頭まわりをゆるめましょう。筋肉を取り巻く筋膜を刺激することで、スッとゆるみます。

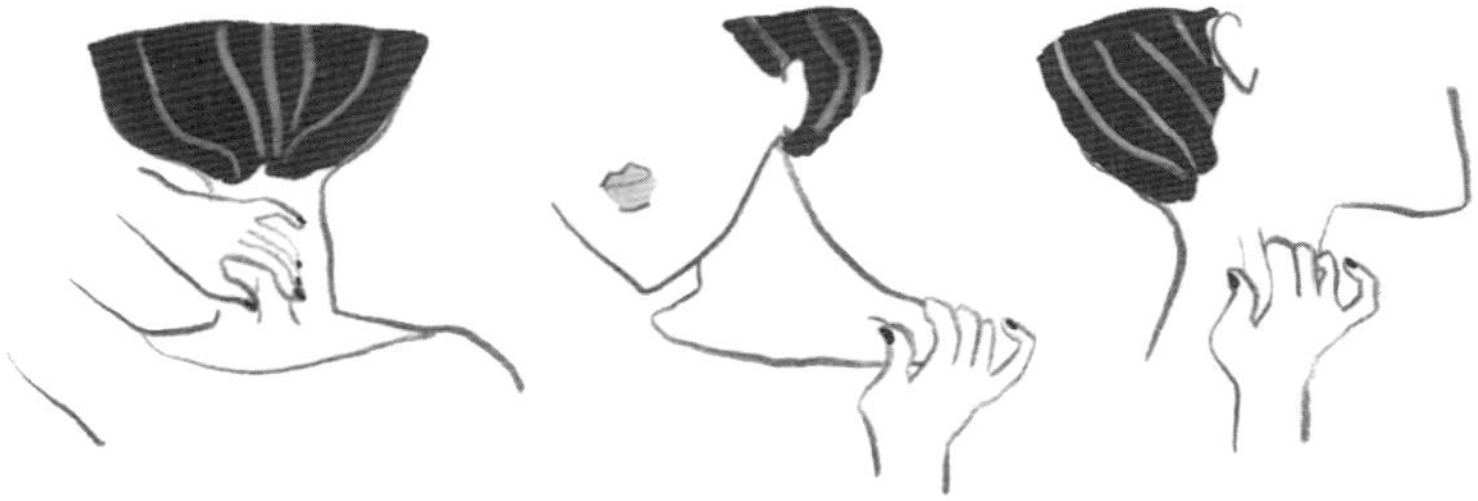

○ 首の後ろをはがす　○ 肩をはがす　○ 首の横をはがす

筋肉をつかみ、皮膚を引きはがすような感覚で引っ張る。場所を少しずつ変えながら、イタ気持ちいいと感じる程度に

○ 耳をはがす

耳を人さし指と親指ではさみ、頭蓋骨から引きはがすような感覚で、縦横斜めに引っ張る

○ 顔をはがす

かぎ形にした人さし指と親指で、頬、額、こめかみ、輪郭をまんべんなくつまむ。軽いタッチで

○ 頭をはがす

両手の指の腹で頭皮をしっかりとつかんで、もみほぐす。張りついた頭皮を動かしてはがすような感覚で。つかむところを変えて、頭皮をまんべんなく行う

口と目の「縦オープン」

口が横に開いて、目がショボショボしていると「魅き寄せ声」は出ません。
無表情をリセットするつもりで、行ってみましょう。

● 卵が入るくらい口を縦に開く

親指と、人さし指で両頬を押さえ、口を縦に大きく開く。なるべくこの口の形を意識しながら発声する

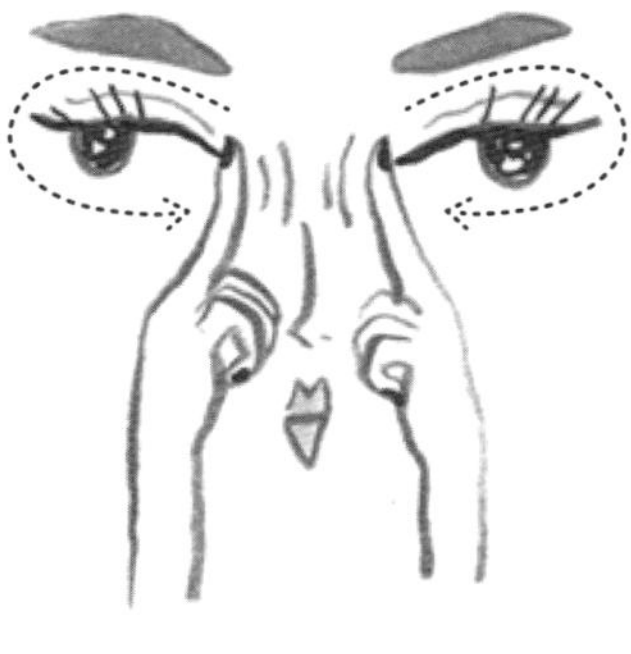

● 「セルフ目頭切開」で目をパチッと

両手の人さし指を目頭に当て、鼻筋を押さえ込む。押さえた部分の筋肉をピクピクと動かして。少しずつ指の位置をずらしながら同様に。目のまわりを1周すると目頭の切れ込みが深くなり、目がパチッと開く

ミニー・P式「魅き寄せ声」即効変換テクニック ― 7

こっそり深呼吸

呼吸が浅くなっていると、声が小さくなったり、上ずったりして、聞き取りづらい声に。
あいさつしたい相手が視界に入ったときや、会話中相手が話しているあいだに1回、
余裕があれば3回。こっそり深呼吸してからあいさつしたり、話を始めましょう。

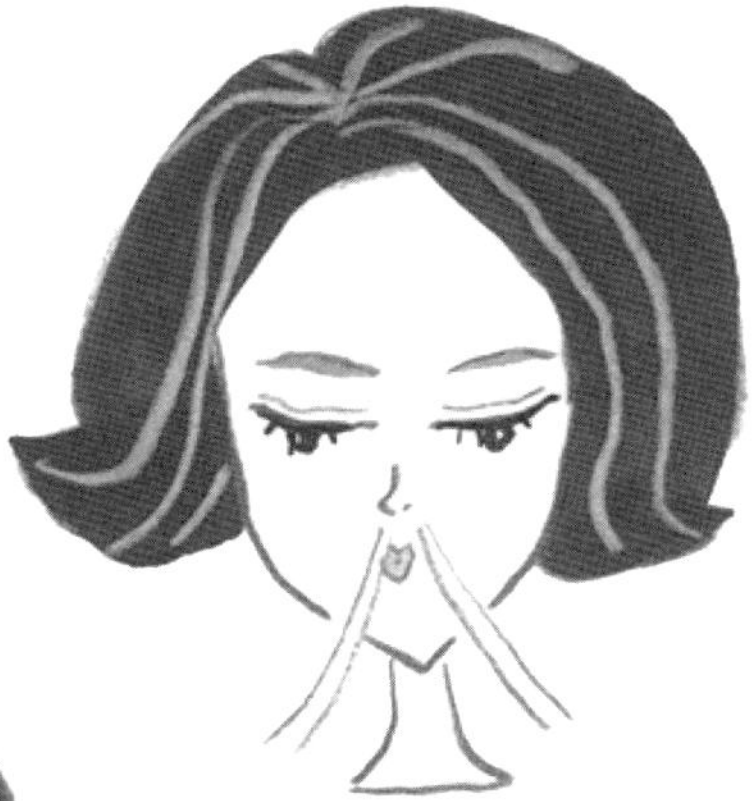

○鼻から息を「スッ」と吸う

○口から細く「フーッ」と吐く

「魅き寄せ声」は究極ストレスフリーで声を出せるかにかかっています

「魅き寄せ声」即効変換テクニックとして紹介した7つは、そのほとんどがリラックスのためのテクニックでもあります。人は緊張しやすい、あせりやすい動物ですから、体をリラックスしている状態に整えることができます。

体をほぐし呼吸を整えて、ストレスフリー状態をつくれば、自然と声が出やすくなります。誰かにお願いごとをするのでも、反対意見を述べるのでも、リラックス状態の「魅き寄せ声」で伝えれば、内容が頭にスーッと入ってきて、相手はイヤな気がしません。

「魅き寄せ声」即効変換テクニック3、4、5（**P.96～99**）は、Lesson2で紹介する本格的なボイトレのウオーミングアップにもなります。ぜひ行ってみてください！

関連ボイトレ
P.96 P.97 P.98

ミニー・Pの

魅き寄せ声コラム

vol. 4

title: おしゃべりは絶好の体幹トレーニング

column for your attractive voice

ボイトレが初めての生徒さんを教えるとき、姿勢を直さない人はほとんどいません。一見姿勢がよく見える人でも、腰がそっている人がほとんど。まず私は、初対面の生徒さんの骨盤を両脇からガシッとつかみ、まっすぐにすることから始めるので、皆さん「えっ？」という感じで驚きます(笑)。

たいていの人は腰がそって後傾しているので、お尻を締めて恥骨を上に向け、骨盤を立てる感じです。すると、おへその下の丹田がグッとすわり、力が入れやすくなります。発声練習は腹式呼吸で行います。吐く息は下腹部を少し前に出すようにキープするとコントロールしやすくなり、息を長く保つことができます。ボイトレは体幹トレーニングでもあるのです。

この発声が身につくと、普段のおしゃべりも丹田で息をコントロールするようになるので、毎日のおしゃべりの場がジムに！　日々インナーマッスルが鍛えられるので、男女ともに冷え性が改善する人も多いのです。

ストレッチしながらだと高い声も低い声ものびのびと出ます

ここからは、私が開発した「ミニー・P式ストレッチボイトレ™」をご紹介します。体のストレッチを行いながら同時にボイトレをする、画期的なトレーニング法です。

ボイトレ前にストレッチをするのは、一般的です。ストレッチはボイトレに欠かせません。なぜなら、体の筋肉がこわばった状態では、姿勢が悪くなり、深い呼吸ができず、のどに力が入って、声が響かないからです。ボイトレ前にストレッチを別に行うのも、もちろんいいのですが、発声しながらストレッチすれば一石二鳥。高い声から低い声までのびのびと出ますし、事前に体をほぐす時間を取れない人の「時短トレーニング」にもなります。

歌手は全身を動かしながら歌いますよね。『愛の讃歌』で有名なシャンソン歌手のエディット・ピアフは、その弟子のイヴ・モンタンに、手の動きをたくさん使ったレッスンを行ったといわれています。それは振りつけだけでなく、歌いやすいからです。

関連ボイトレ
P.120 P.116 P.110

ストレッチボイトレ2（P.110）、4（P.116）、5（P.120）では、スクールでのレッスンと同様、ピアノに合わせて行えるよう、アプリも開発しました。ぜひアプリをダウンロードして、ピアノに合わせてストレッチボイトレしてみましょう。

DOWNLOAD!

無料ボイトレアプリをダウンロード

スマートフォン（iPhoneのみ対応）のApp Storeの検索窓で「ミニーピー」と入力すると、ミニー・P開発のボイトレアプリ『ミニーピーのボイトレ「など」』（無料版）をダウンロードできます。

アプリに従い、本書掲載のバーコードP.110、116、120（同じものがP.191にも）を読み取ると、ミニー・Pのピアノ演奏動画に合わせて「ミニー・P式ストレッチボイトレ」のレッスンができます。

ピアノは徐々に音程を上げていき、下がっていきます。大人になると音域が狭くなり、初めのうちは地声で1オクターブ出るか、出ないかの人がほとんどです。無理をせずに音域を広げていきましょう。

地声で出ない高さになったら、裏声に変えてOKです。裏声でも出なくなったら、「口パク」でその音を出しているイメージを持ちましょう。低いほうの音も同様です。そうしてイメージできればいつかは出せる日が来るものです。

裏声も高いと力が入りやすいのではじめは小さな声で、低い声はしゃべるように出してください。高さによって声の出し方を変えるのはプロの歌手も行っていることです。

ストレッチボイトレの注意点

●**腹式呼吸で行う**

ミニー・P式ストレッチボイトレーでまずは、腹式呼吸を確認しましょう。

●**どれかひとつでもOK**

ミニー・P式ストレッチボイトレ2～6は、体調や目的に合わせどれから行っても構いません。時間がなければどれかひとつでもOKです。

●**楽に声が出る範囲で行う**

張り切って、初めから高い声を無理に出そうとしないことが大事です。

●**長時間やりすぎない**

アプリと連動しているミニー・P式ストレッチボイトレ2、4、5は、それぞれ一回ずつ行えば十分です。やっている途中で、のどが痛いと感じたら、その日はすぐに終了してください。

●**風邪などでのどが痛いときは行わない**

風邪をひいたとき、声がかれているときなど、のどに炎症や痛みがあるときはトレーニングを中止。のどの調子がいいときに日を改めてトレーニングしましょう。

LESSON 2

自宅でレッスン!

「魅き寄せ声」をモノにするミニー・P式ストレッチボイトレ7

ストレッチしながら発声練習☆

腹式呼吸をマスターする

ストレッチボイトレを始める前に、腹式呼吸の方法を身につけましょう。

ストレッチボイトレは、常にこの呼吸で行います。胸に息を吸い込む胸式呼吸だと、途中で息切れしてしまい、高い声や低い声を出しづらく、のどに負担をかけてしまいます。

○ たっぷりと息を吸い、吐く息をおなかでコントロール

腹式呼吸は、横隔膜を使った呼吸。肺の下にある横隔膜を下げることで肺がふくらみ、たっぷりと息を吸い込むことができる。また吐くときもおなかでコントロールしやすい。首や肩がリラックスするので、声を出しやすくなる

○これが正解!

フー
まずは口から息を吐く
おなかをペタンコに
ペタン

口からゆっくり息を吐き出す。このとき、おなかが少しずつへこんでいくように。息ができなくなってきたら最後は腹筋でおなかをへこませる

鼻から吸って
おなかをふくらませる
プクー

へこませた筋肉をゆるめ、鼻から一気に息を吸い込む。このとき丹田（下腹部）に空気をためていくように。肩が上がらないよう、胸がふくらまないよう注意

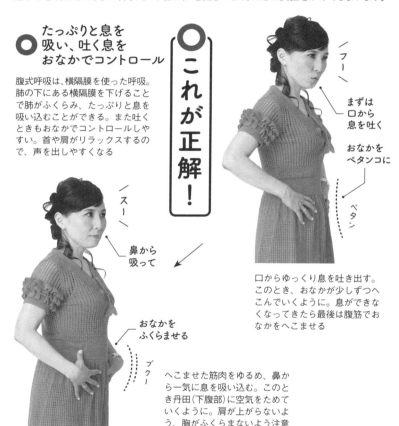

✕ 口で吸うと胸式呼吸になりがち

鼻から息を吸わず、口だけで息を吸って吐くと、浅い呼吸になってしまう。肩が上下し、首・肩に力が入りやすくなるので、のどに負担をかけてしまう

日常生活で緊張やストレスが続いていると、どうしても呼吸が浅くなり、胸式呼吸になりがち。胸式呼吸も正しく行えば、交感神経優位にするのには効果的だが、リラックスが肝心なボイトレには向かない

肩が上がる

口で吸ってしまっている

✕ これはNG!

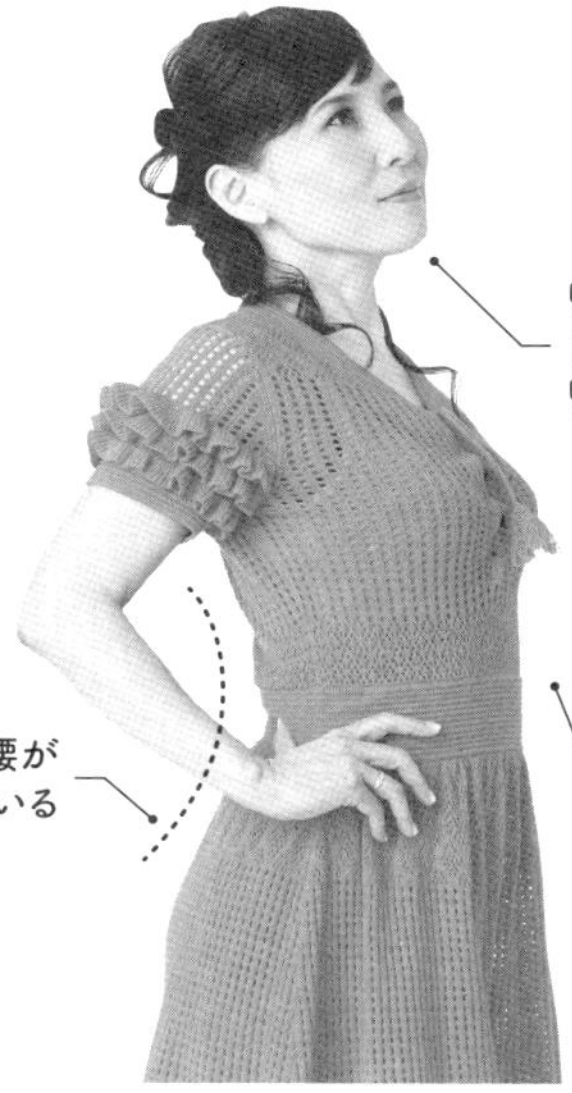

吸おうとしてもあまり吸えない

腰がそっている

おなかがあまりふくらまない

✕ 腰がそると腹式呼吸がうまくできない

姿勢をよくしようとすると胸を張りすぎてしまい、腰がそってしまいがち。すると横隔膜がうまく下がらず、腹式呼吸にならない。背腰はまっすぐピン！と

ボイトレ
アプリ連動

「魅き寄せ声」をモノにするミニー・P式ストレッチボイトレ ― 2

口をアヒルのように「縦に」大きく開ける

ボイトレのもっとも大事なことのひとつは口の形。口の中に卵が1個入ったように、口腔内を縦に大きく広げた状態で声を出します。このとき、頬を高く上げるようにし、口蓋（口の中の屋根の部分）を持ち上げるようにするとうまくいきます。唇はアヒルのようにグッと前に突き出し、めくれさせるよう意識。同じ音程で「あ～え～い～お～う～」と発声します。徐々に高い音を出していきます。もうこれ以上高い音が出ないところまでいったら、今度は徐々に低い音に下げていき、もうこれ以上低い音が出ないというところまで続けます。

『あ～え～い～お～う～』

POINT!

- 途切れないよう、「あ～え～い～お～う～」とひと息でなめらかに

  NG「あ～、え～、い～、お～、う～」

- 口の中に卵を縦に入れるイメージで、口腔内に広い空間をつくる。このとき頬を高く上げるようにすると、口蓋（口の中の屋根にあたる部分）が持ち上がり、空間ができる

スマホ（iPhone）のApp Store
「ミニーピー」で検索

ボイトレアプリ内バーコード

6 637920 835821

詳しい使い方はP190・P191をご覧ください

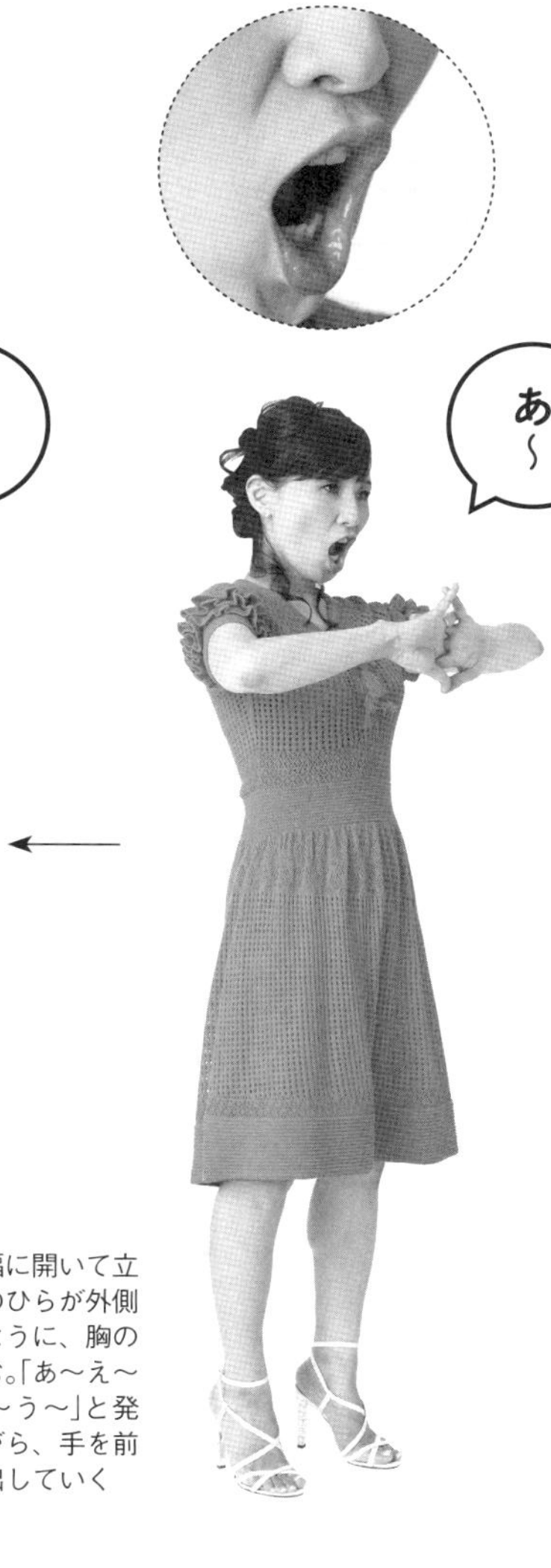

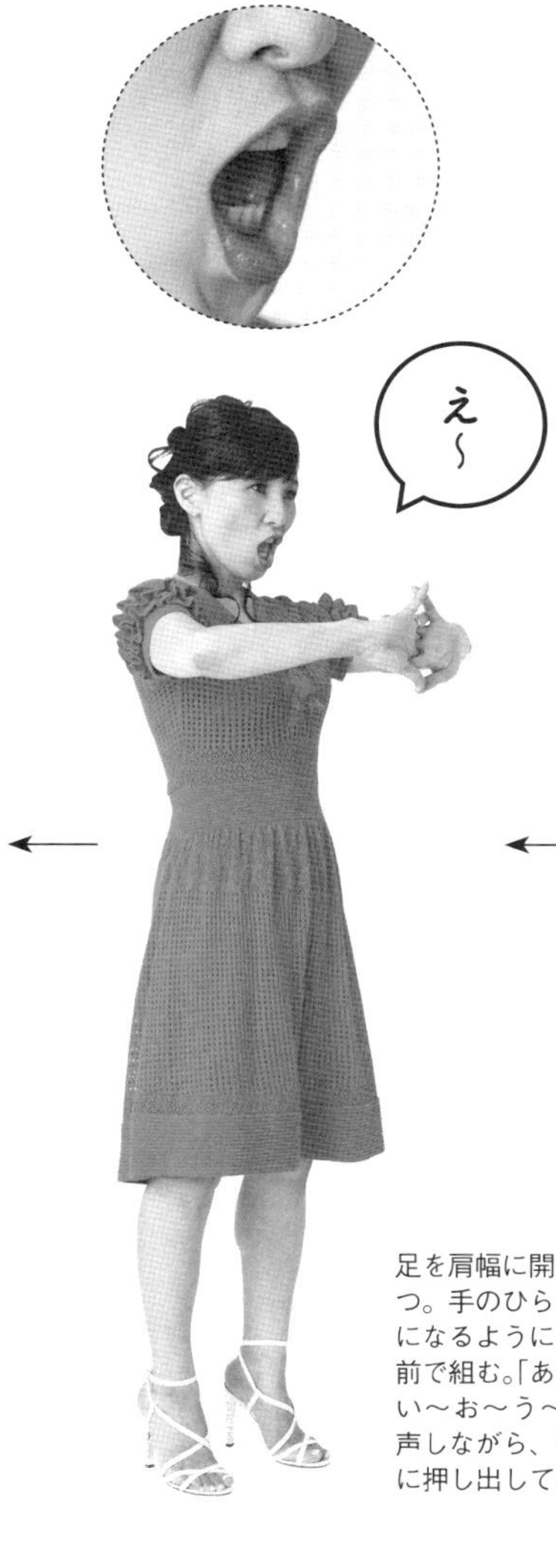

足を肩幅に開いて立つ。手のひらが外側になるように、胸の前で組む。「あ～え～い～お～う～」と発声しながら、手を前に押し出していく

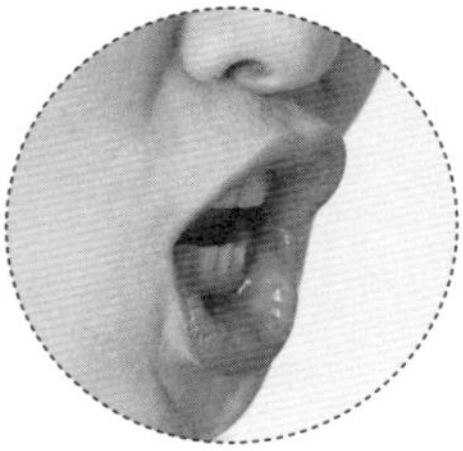

POINT!

口の形は、見た目には変えない。口腔内の広がりと唇の形はそのままに。舌の位置と若干の口の大きさの調節で「あ〜」「え〜」「い〜」「お〜」「う〜」を発声する

NG 「い〜」のとき、口を横にひく

NG 「う〜」のとき、唇をすぼめる

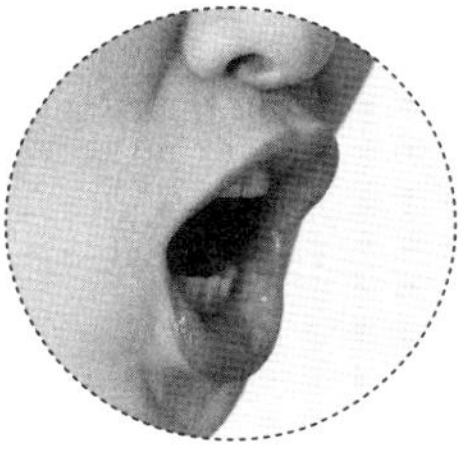

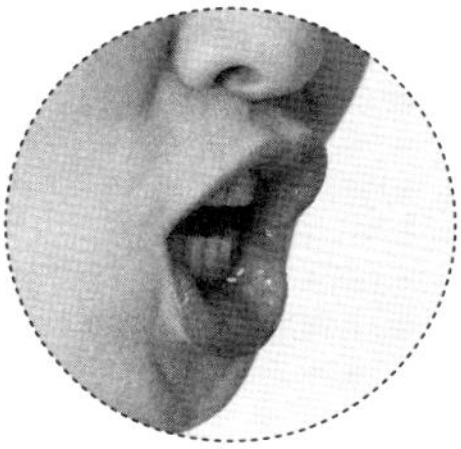

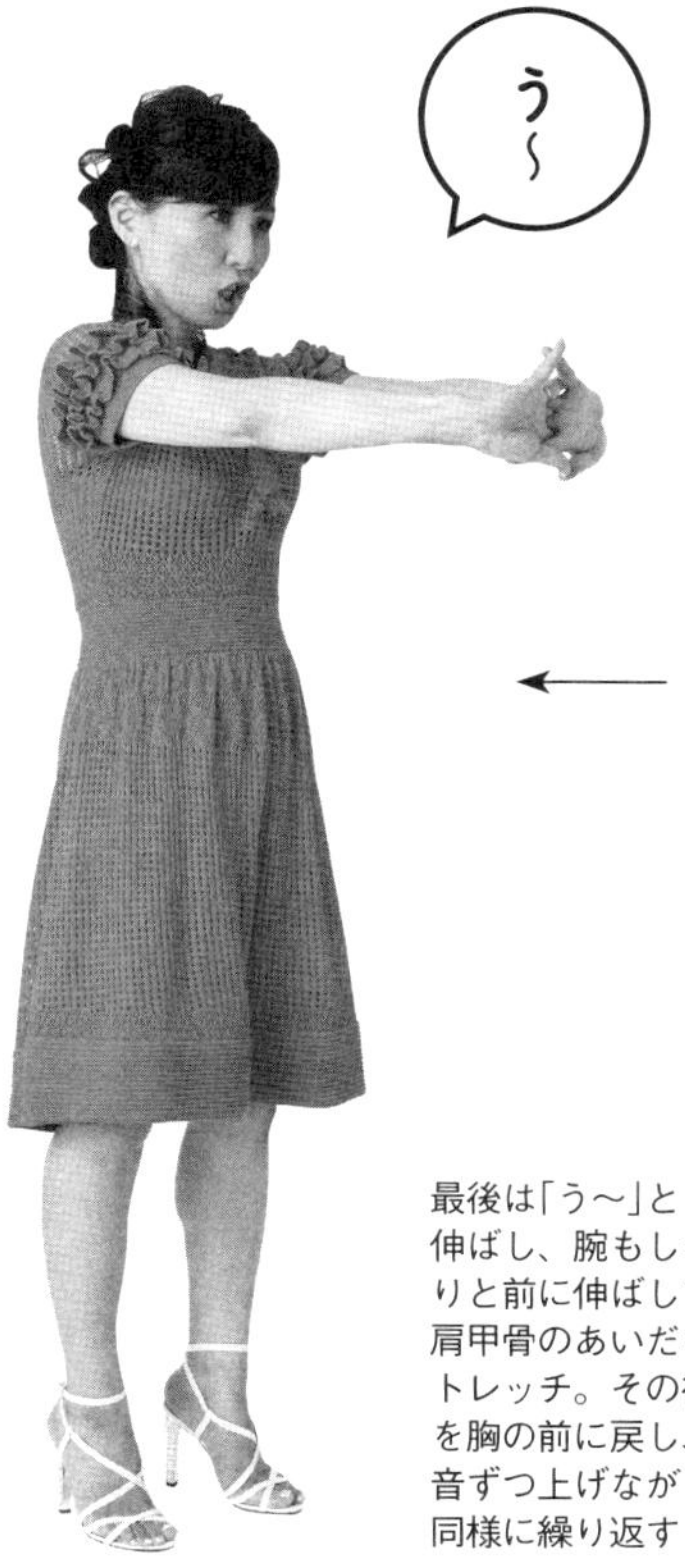

最後は「う〜」と４拍伸ばし、腕もしっかりと前に伸ばして、肩甲骨のあいだをストレッチ。その後手を胸の前に戻し、半音ずつ上げながら、同様に繰り返す

地声は胸に響かせて発声する

「魅き寄せ声」の大きな特徴は、「胸に響く地声」であること。これは、自分の声が胸に響いている感覚を知るためのトレーニングです。胸に手を当て地声で「ん〜〜〜み〜〜〜」と発声すると、胸に響いているのがわかります。この感覚がつかめたら、普段の話し言葉や、歌を歌っているときに、地声が胸に響いているかを確認しましょう。

『ん〜み〜』

胸に手を当て、響きを感じながら「ん〜〜〜み〜〜〜」

胸に手を当て、息を鼻から吸って「ん〜〜〜み〜〜〜」と発声。「ん〜〜〜」と「み〜〜〜」は同じ音程で吐くときにはおなかを少し出すようにキープして、「み〜〜〜」をなるべく長く伸ばす

POINT!

徐々に声の高さを上げて「ん〜〜〜み〜〜〜」と発声。ある程度の高さで、手に響きを感じなくなったら、裏声に変わったということ。ミニー・P式ストレッチボイトレを続けていると、地声の音域が広がり、徐々に裏声に変わるポイントが高くなる。それは、より奥行きのある魅力的な声が出せるようになった証し

ここらで一曲♪

好きな歌を、アカペラで口ずさんでみる

自分の好きなポップス、子どものときに歌っていた童謡、テレビから流れてくるCMソング、何でもいいので、アカペラで歌ってみましょう。一番だけでもいいので、軽い気持ちで。うまく歌おうとする必要はありません。ただし、なるべく地声で歌うのがポイントです。その際、高い音になったとき、低い音になったとき、左のように身ぶりをつけてみてください。体を動かすことで声がスムーズに出る感覚を身につけましょう。声が出るようになったら、身ぶりをやめても出るようになります

POINT!

1〜6を実践し、よい姿勢で、腹式呼吸、口の開け方を意識。声がスムーズに出て、気持ちよく歌えるのを確認しよう

高い音になったら…

片手を高く上げ、もう一方の手は低く下げて、膝を軽く曲げ、腰を落として重心を落とすと、高い声がスムーズに出る。口は大きく開けて

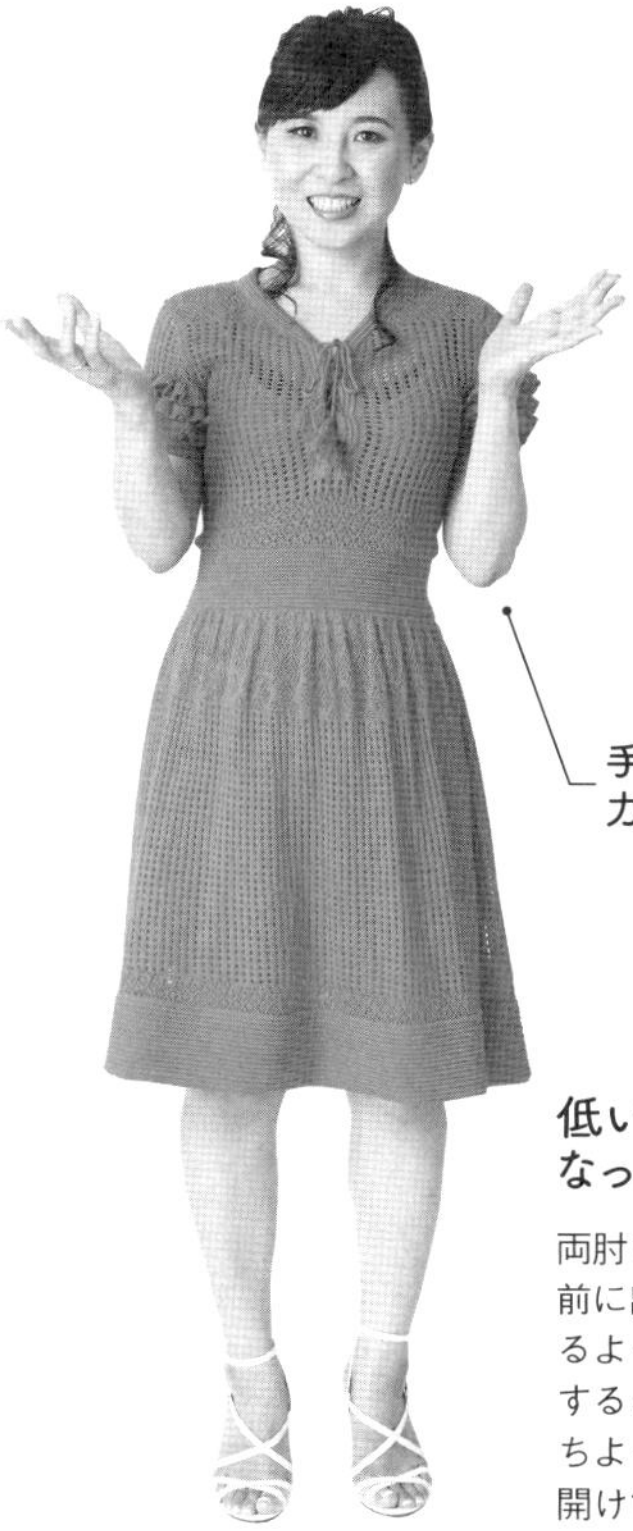

手を広げて力を抜く

低い音になったら……

両肘を曲げて、手を前に出し、お話しするように。軽く発声すると低い声を気持ちよく出せる。口は開けすぎないように

片手を高く上げる

膝を軽く曲げ、重心を落とす

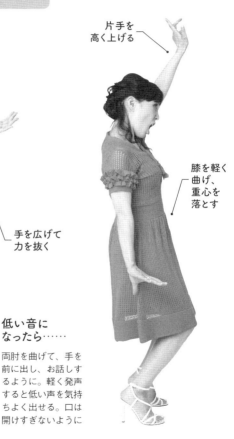

高い音、低い音の限界まで出してみる

声帯をストレッチするには、高い音、低い音を限界まで出すことが効果的です。「あ～う～あ～」「う～お～う～」を1オクターブで行ったり来たりしながら、徐々に高い音を出していきます。もうこれ以上高い音が出ないところまでいったら、今度は徐々に低い音に下げていき、もうこれ以上低い音が出ないというところまで続けます。

『あ～う～あ～』『う～お～う～』

→足を肩幅に開いて立つ。両肘を曲げ、軽く握ったこぶしを顔の高さに。「あ～」と発声

POINT!

途中で途切れないよう、
「あ～う～あ～」
「う～お～う」と
ひと息でなめらかに。

NG 「あ～、う～、あ～」
「う～、お～、う～」

ボイトレアプリ内バーコード

5 408394 461394

詳しい使い方はP190・P191をご覧ください

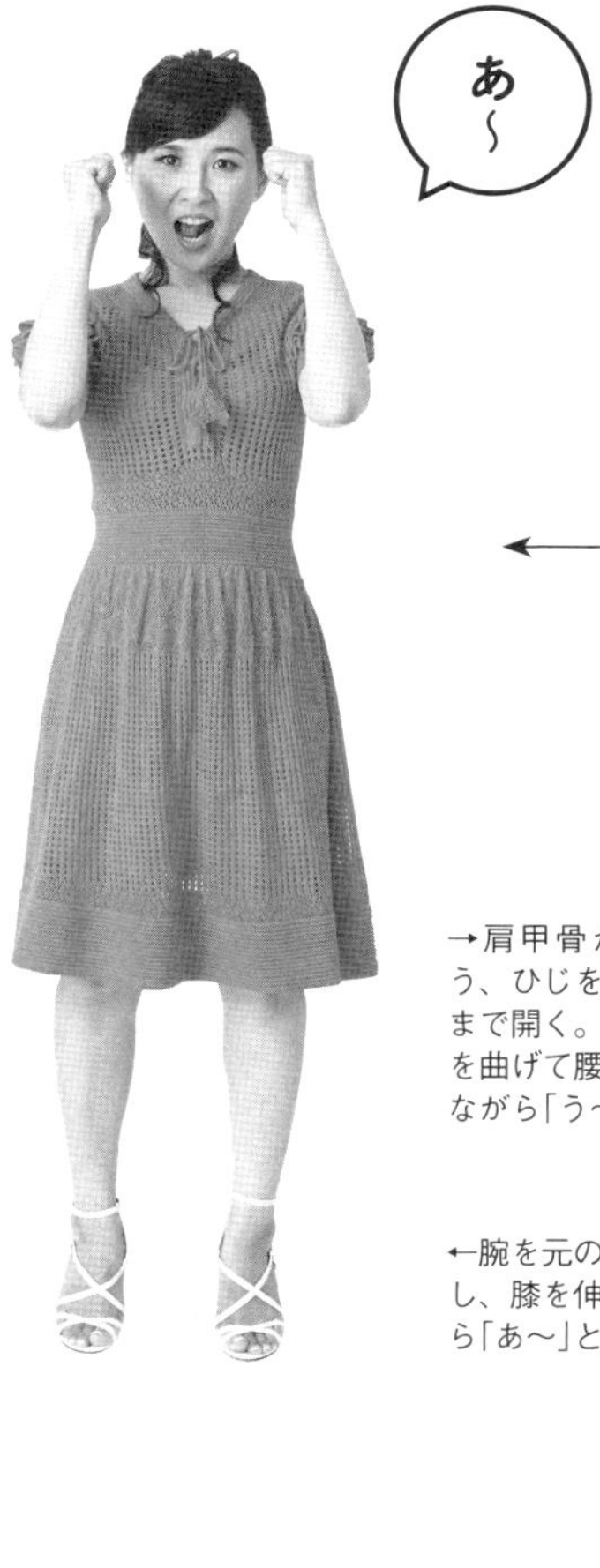

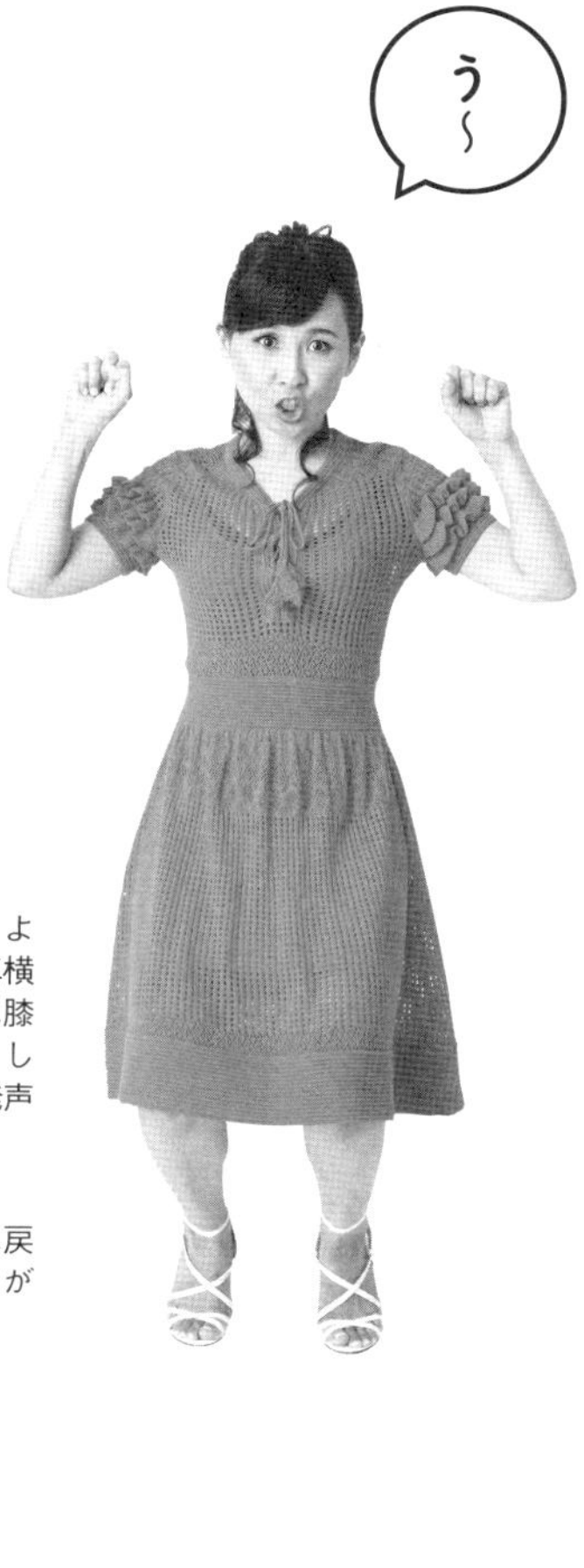

→肩甲骨が寄るよう、ひじを体の真横まで開く。同時に膝を曲げて腰を落としながら「う〜」と発声

←腕を元の位置に戻し、膝を伸ばしながら「あ〜」と発声

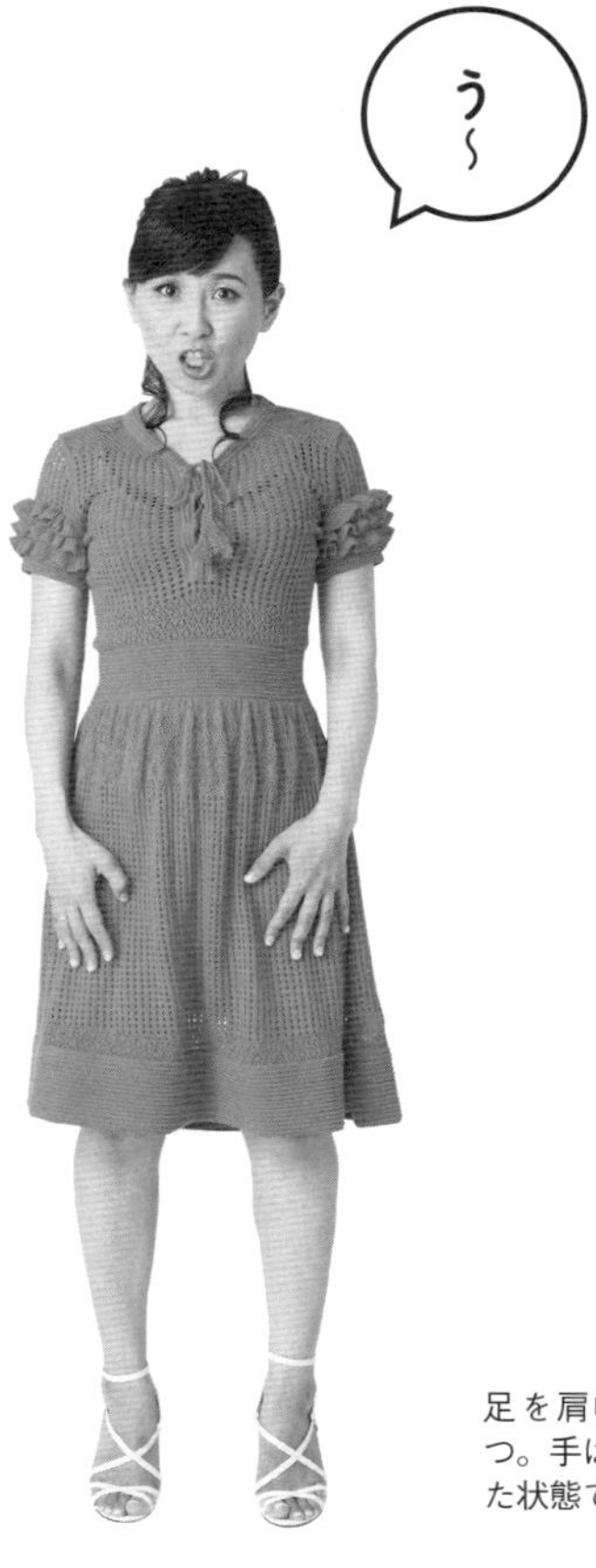

足を肩幅に開いて立つ。手は自然に下ろした状態で「う～」と発声

→両手を上げ、円を描くよう頭上で指先を合わせる。同時に膝を曲げて腰を落としながら「お～」と発声

←手を元の位置に戻し、膝を伸ばしながら「う～」と発声。半音ずつ上げながら、同様に繰り返す

＼ボイトレ
アプリ連動／

「魅き寄せ声」をモノにするミニー・P式ストレッチボイトレ ―5

高い音を出すときは手を上げて少し腰を落とす

長く息を続かせながら移りゆく音程を正確に発声する、レッスンです。
吐く息を一気に使い切ってしまわないよう、おなかをなるべく出したままにしながら、
「アンディーフェーリイイチェ～」をひと息で発声します。一番高い音に来たとき、
手が高い位置に、膝を曲げて腰を落とします。これは歌手の人が歌を歌うときに使う、
歌ウマのテクニックのテクニック。その体の使い方のトレーニングでもあります。

『アンディーフェーリイイチェ～』

POINT!

- 手は上げて腰は落とすと、高い音がスムーズに出ることを体感する。
- 途中で途切れないよう、「アンディーフェーリイイチェ～」とひと息でなめらかに。
  - NG 「アン、ディー、フェ、リ～、チェ～」
- 口は常に縦に大きく開け、アヒル口で発声。
  - NG 「リイ」のとき、口を横にひく
  - NG 「フェー」「チェ～」のとき、唇をすぼめる

ボイトレアプリ内バーコード

9 746884 931283

詳しい使い方はP190・P191をご覧ください

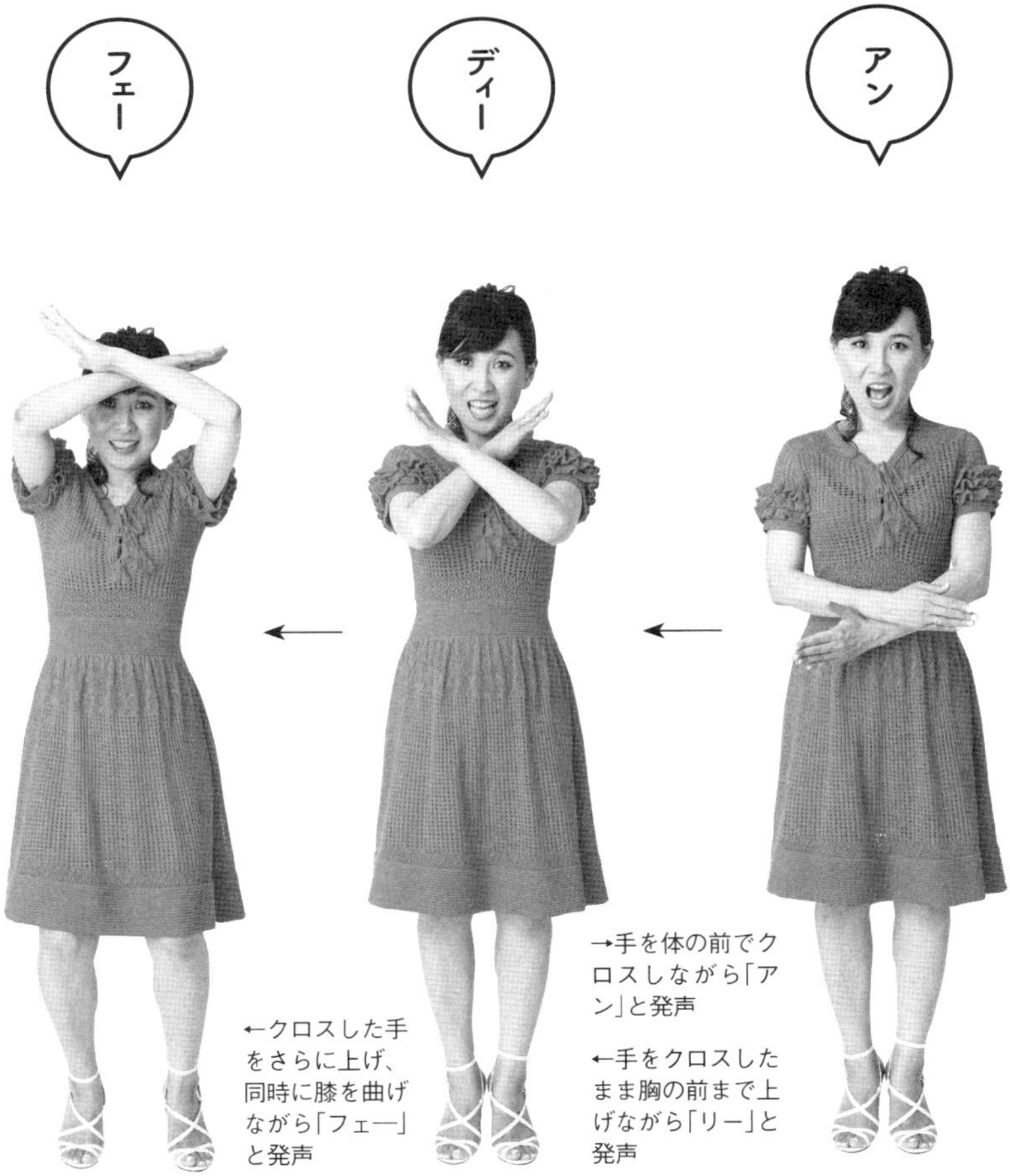

→手を体の前でクロスしながら「アン」と発声

←手をクロスしたまま胸の前まで上げながら「リー」と発声

←クロスした手をさらに上げ、同時に膝を曲げながら「フェー」と発声

高い音を出すときは手を上げて少し腰を落とす

→手を頭上に上げ、膝を曲げて腰を落とした状態で「リ」と発声

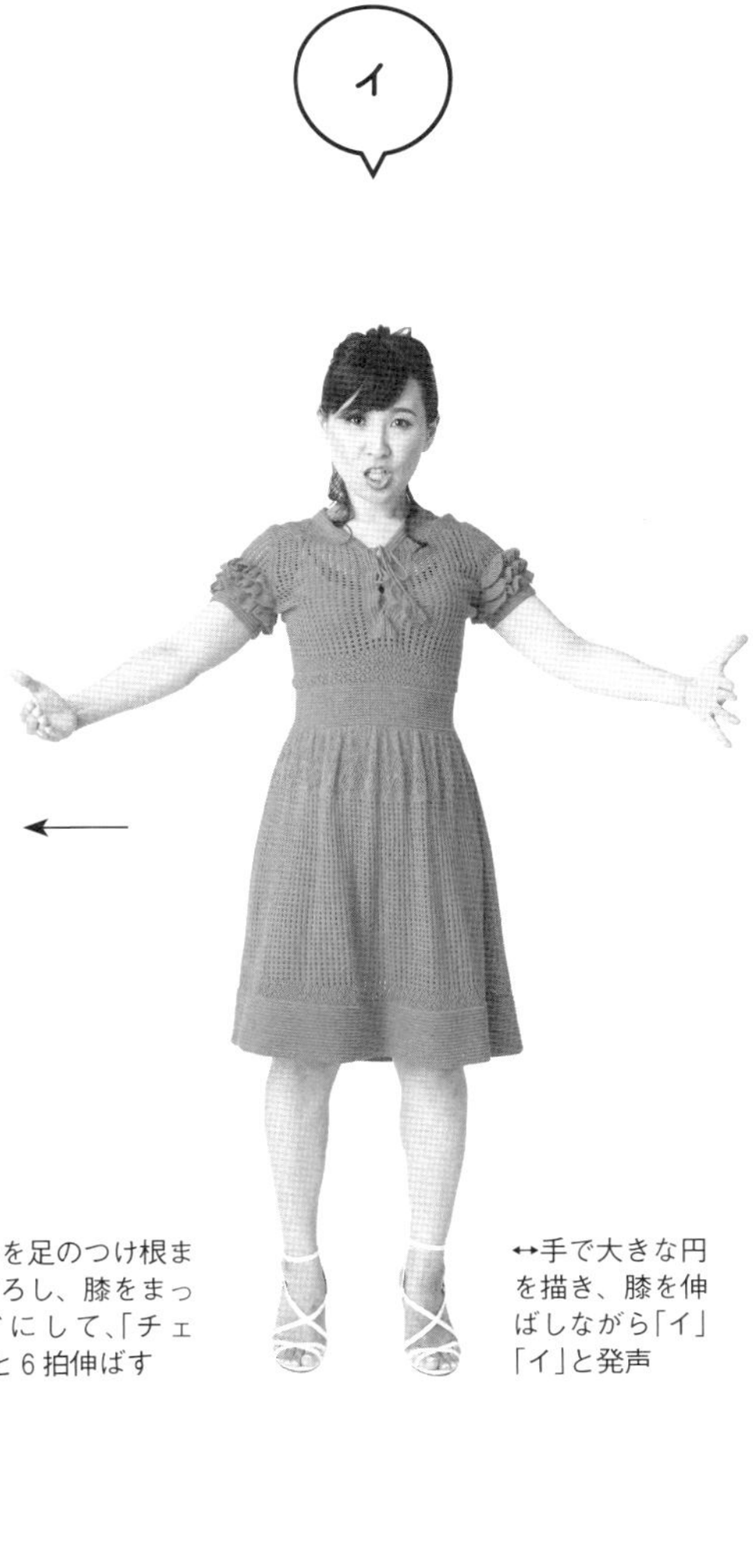

←手を足のつけ根まで下ろし、膝をまっすぐにして、「チェ〜」と6拍伸ばす

↔手で大きな円を描き、膝を伸ばしながら「イ」「イ」と発声

「魅き寄せ声」をモノにするミニー・P式ストレッチボイトレ 6

リップトリルで唇を柔らかくする

唇と、口まわりや頬の筋肉を柔らかくし、口を開けやすくしたり、リラックスして発声できるようにするトレーニングです。息を少しずつ吐き出し長続きさせるコツもつかめます。発声を伴うミニー・P式ストレッチボイトレ2、3と5のあいだに行うと声帯の休憩にもなります。

「プルプルプル〜」

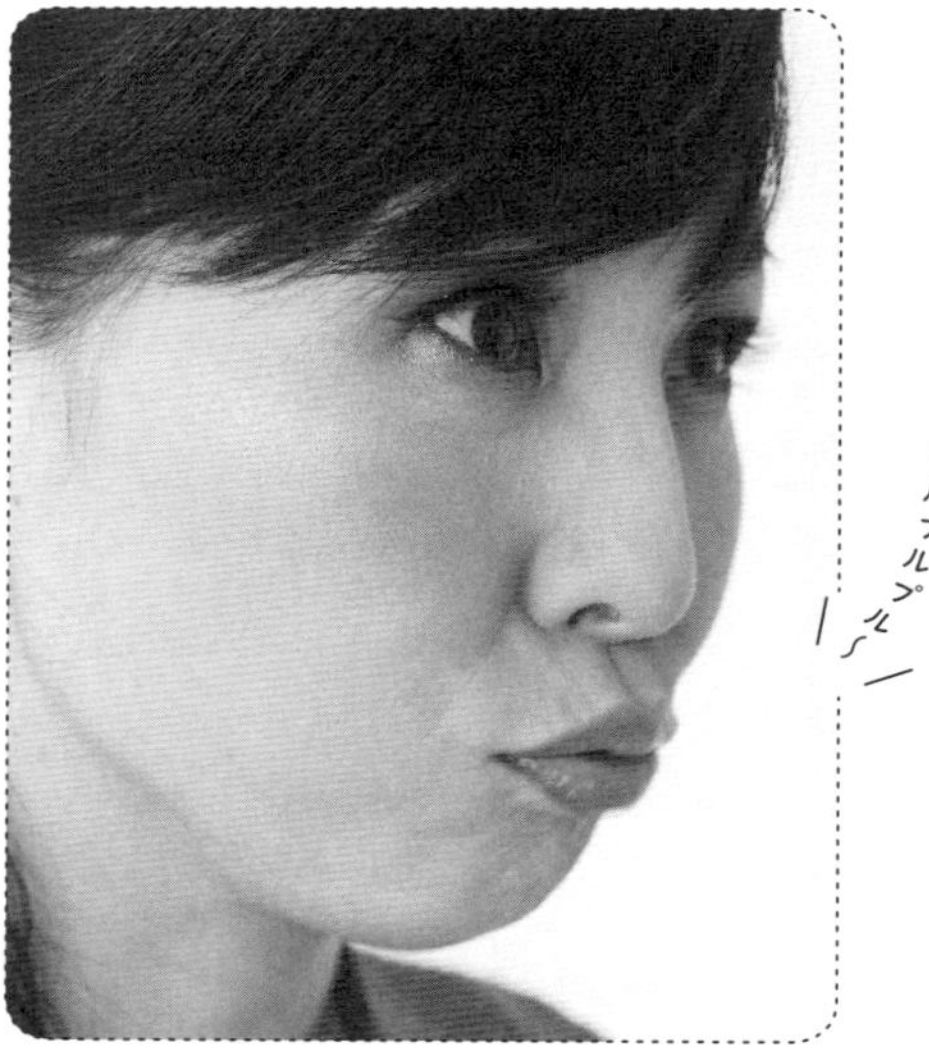

唇の力を抜いて閉じ、息を吐き出して唇を振動させる

唇を軽く閉じ、鼻から大きく息を吸う。唇を脱力して閉じ、息を吐き出しながらプルプルと唇をふるわせる。唇や顔の筋肉が柔らかく使えると、ブルブルではなく、プルプルと軽やかな音が出るように。慣れてきたら、なるべく長く続けられるようにする。3〜5回繰り返して

DOCTOR'S ADVICE

教えてドクター！

Q & A

Q. 子供のころ、あんなに得意だった リップトリルが苦手になるのはなぜ？

A. 年齢とともに表情が乏しくなり、唇や表情筋が硬くなるからです。

リップトリルには、唇だけでなく、口輪筋、小頬骨筋、大頬骨筋、頬筋、笑筋、上唇結筋といったたくさんの表情筋が関与しています。これらが柔軟でなければ「プルプル」と軽やかに行えません。

特に日本人は、年齢とともに表情が乏しくなったり、口先だけで話すクセで表情筋をあまり使わず硬直している人が多いのです。どうしてもリップトリルができない人は、頬の肉を少し持ち上げるようにしてやってみてください。これでできるようなら、表情筋が硬くなっている証拠です。

また、唇が硬く、乾燥しているとリップトリルはうまくいきません。唇をなめたり、リップクリームをつけると「プルプル」しやすくなります。

口元と表情筋を柔らかく保つことは、魅力的な発声の重要なポイント。「魅き寄せ声」を養う効果的なトレーニングといえます。（ドクター加藤）

自分の歌を録音して聞いてみる

アプリのミニー・P 式ストレッチボイトレの2、4、5を録音し、
下記の項目をチェックしてみましょう。

- ☑ 声量は十分か
- ☑ 途中で呼吸が乱れたり、
- ☑ 声がかすれていないか
- ☑ 音程はピアノと合っているか
- ☑ リズムは合っているか
- ☑ 発音がしっかり聞き取れるか

POINT!

耳を背けず、自分の声としっかり向き合う

録音した自分の声を聞くのは、初めのうち誰しも抵抗があるもの。でも、録音して自分の声をチェックするのもトレーニングのうち。他人の声を聞くつもりで、割り切って聞きましょう。ダメな点を見つけたら、次の課題に。課題克服という目的意識を持ってトレーニングすることで、「魅き寄せ声」への上達が早くなる

自分の耳はもっとも厳しく、もっとも優秀な声の指導者

スポーツ選手が自分のフォームを録画で確認するのは、もはや常識。プロの歌手は、自分の声の録音を何度も聞いて、自分にダメ出ししながらうまくなっていきます。プロでなくても同じことです。

「魅き寄せ声」への近道は、録音した自分の声をいかに聞くか。

その頻度によると言っても、言い過ぎではありません。自分の声のよいところと弱点を知ることが、上達の近道だからです。耳はとても優秀で、「弱々しい」「音程がはずれている」「鼻にかかっている」など、弱点を実に正確に見抜きます。逆に言えば、

自分の耳が、この声ならいいと合格を出す声は、世の中に通用し、誰からも愛される声なのです。

つまり「魅き寄せ声」になっているのです。

ミニー・P式ストレッチボイトレを続けていると、確実に声が安定し、魅力的になっていき、録音を聞くのも楽しくなってきます。そうなったらしめたもの！です。

ただし、自分の声を批判しすぎるのも、よくありません。たとえばあなたが先生で子どもを教える立場だとして、批判ばかりしていたら伸びないですよね。伸びるどころか自信をどんどん失ってしまいます。それは自分も一緒です。まずはよいところを探す練習をしましょう。「さすが！　自分」と、自分をほめる先生になりましょう。最初はほめる先生九割、厳しい先生一割のバランスでいいと思います。

DOCTOR'S ADVICE

教えてドクター!

Q & A

Q. ストレッチしながらの発声練習するメリットは?

A. 自然に首、肩の力が抜け、のどに負担がかからなくなります。

よい声を出すには、のどに力を入れず、声帯に負担をかけないことが基本です。しかし、「のどに力を入れないで」と言われても、どのようにすれば力を入れずに発声できるかが、一般の人にはわかりません。ストレッチで体を動かしながらボイトレすることにより、首や肩、全身から無駄な力が抜け、今までのどに入れていた力が分散されて自然と力まずに発声できるようになります(ドクター加藤)。

教えてドクター！

Q & A

Q. 声は何歳になっても鍛えることができるの？

A. 何歳からでも遅くはありません。

声帯は粘膜ですし、それを動かすのはまわりの筋肉。これらをボイトレによって無理なく伸縮運動させることによって血流がよくなり、細胞分裂が活発になり若返ります。これは、年齢を重ねても適切な運動をすれば健康増進に役立つのと同じです。萎縮し、伸縮が悪くなっていた声帯も、少しずつ動かすことで柔らかくなり、潤いを増していきます。すると声帯がぴたりと閉じず、息もれしてかすれていた声も、しっかりと出るようになっていきます。

「ミニー・P式ボイトレ」は、腹式呼吸で行い、ストレッチしながらのどに負担をかけずにトレーニングできるので、年齢を重ねた方、忙しくて時間がないビジネスマンや家事に忙しい主婦の方でも、効率よく声を磨くことができます（ドクター加藤）。

実践編

6

誰も教えてくれなかった 必ずカラオケがうまくなる「歌ウマ」マル秘テク10

10 steps:how to dazzle everybody at Karaoke(top secret)

もしも歌がうまく歌えなかったとしたら

歌い方を誰にも

教えてもらったことがないからです。

歌ウマは、歌い方の技術を知っていてそれを忠実に実践しているからうまい

ミニー・P式の体験レッスンをしたいと、よく新しい生徒さんが来てくれます。どんな先生なのかな、どんなことするんだろう、ときっと興味津々で来ているはずです。ボイトレも音楽レッスンも初めてで、緊張もしているでしょうから、なるべくリラックスして進められるように努力しています。

そして声を聞かせていただくとたいていの方は「地声派」か、「裏声とミックスボイス派」のどちらかに分かれます。「地声派」は、ほとんどの声を地声で出そうとし、裏声になっても地声の出し方のままなので、裏声はほとんど出ません。一方「裏声とミックスボイス派」は、地声と裏声のチェンジがなく、きれいな声が高くまで出ます。そして本人は、自分が地声を出しているのか裏声を出しているのかわからない場合が多いのです。

どちらのタイプも、自分の声の出し方の特徴を理解せず、すべての音域を自分のタイプで出そうとしているので、レッスンする前は音域が狭く、声が出づらいケースが多々あります。ミニー・P式ボイトレで、地声は胸に響かせて、裏声は大きく口を縦に開けて頭の裏から前に向かって出すようにして力を抜く、低い声はしゃべるような感じで軽く明るく口はあまり開けすぎないで歌う、というふうに音域ごとに変えていけば、今まで出せなかった声をスムーズに出せるようになります。

アーティストたちは地声、裏声、ミックスボイスを、芸術ともいえるほどに細かく使い分けているのです。

「聞く訓練」をすれば歌ウマのポイントが聞こえるようになる

歌ウマになるためにもうひとつ重要なのが、歌ウマ歌手の歌い方を「よく聞く」ということ。

「え～？　何百回と聴いてる曲もあるけれど、一向にうまくならないけれど」という声が聞こえてきそうですね。それは、聞き方の問題なんです。人の耳は不思議なもので自分が理解しているところだけを、聞いてしまうという特性があります。

つまり、曲を何百回聴いても、それ以上の知識がなければ聞こえていない部分があるのです。

たとえばMISIAさんの、名曲バラード『Everything』を例にとってみるとオケの中にはストリングス、ピアノ、キーボード、ドラム、ベース、ギター、フルート、ハープが入っていますが、意識しないとそれぞれの楽器が何をしているかは聞こえてきません。

まずはそこにそういった楽器があるということを認識して、よく聞く練習をしてみてください。一度聞こえれば2回目からは自然に聞こえてくるようになります。

音楽を聴くときにもうひとつ注意したい点は譜面や歌詞にとらわれないことです。譜面や歌詞はその曲の一部分だと思ってください。

たとえば1番のAメロの終わりから、Bメロの始めのフレーズを解説してみます。

また思い出して
あの人と笑い合うあなたを
愛しき人よ　悲しませないで

という部分ですが、歌詞を見ながら歌うと右記のとおりですが、実際によく聞くと、MISIAさんはこんなふうに歌っています。

まあた　おもいだあしてえー（ビブラート）
あのひととわらいいあうぅあんなあたあうおーおおー（ビブラート）
いいとんしいきいひいいいいいいとおよお　かんなあしいまあせないで

ゆったり伸ばしている音を聞いていて退屈しないのは、こんなにもたくさん発音しているからです。歌詞や楽譜という先入観にとらわれていると、聞こえる音も聞こえてこないのです。

こうやっていけばどんどん耳がよくなって、ひとつの音楽から今まで入ってこなかった情報がどんどん入るようになります。そうしたことが日常にも応用できるようになり、ひとつの物事からより多くのことを見たり感じたり、聞いたりできるようになり、人生がますます豊かに彩られていくはずです。

アクセントをつけて歌うとグルーヴが出て歌ウマに！

スティーブ・ジョブズが世のトップ10人のエンジニアは全員音楽をしていると語っているように、音楽を演奏するのはプロのミュージシャンに限ったことではないのです。音楽で使う脳は右脳とされていますが、きっと仕事とのバランスに音楽は最高のパフォーマンスを発揮してくれるのだと思います。

さて、私は23年もの間プロの歌手のボーカルをレコーディングし、そのボーカルデータをエディット（編集）してきました。エディットというのは音程やリズム、音の強弱を直していく作業のことです。恐ろしいことに、かなりさまざまな修正ができてしまいます。それが済んでから納品となるわけです。この後に出てくるように、歌は波形で可視化でき、音程、音量、リズムがひと目でわかります。データを見ただけでも歌がうまいか、そうでないかを判別できるのです。

プロの歌手でも、どうしてもうまく歌えない箇所があった場合には、エディットで音程やリズムを直し、それでもこれはあまりよくないなあと思うときはアクセントをつけます。曲にもよりますが、小節の一拍目にアクセントをつけてあげると、途端に歌ウマに聞こえます。このことは、カラオケで歌う曲の場合にも応用が利きます。

ここで、ＭＩＳＩＡさんの『Ｅｖｅｒｙｔｈｉｎｇ』を例にとると

You're everything You're everything
あなたが思うよりずっと

右記の歌詞でいうと、・のついているところが小節の一拍目です。そこにアクセントをつけて歌うだけで、ものすごくうまく聞こえてくるのです。これは意外に知られていないことです。でもこれはカウントしながら歌わないとできませんので、まずはリズムに合わせて手を叩きながら一拍目をほかのところより少しだけ強めに歌ってみてください。これによって繰り返す波のように定期的なリズムのうねりができて、グルーヴが生まれるのです。

そして音楽や歌の基本なのですが、音が高くなるにつれ音量を上げていき、下がるにつれて音量を下げて歌います。

さらには、曲の構成を考えながら歌うと、歌ウマに磨きがかかります。曲をつくるときは、文章の段落のようにブロックに分けて考えます。最初のメロディのブロックをAといいます。そして次に来る違うメロディのものをB、その次がCといいます。Cのブロックは、曲の中で一番盛り上がる部分で、日本語では通常サビといいます。そしてさらに盛り上がるメロディが来るブロックをD、またはブリッジと呼びます。Dの後には、サビのCが来ることが一般的です（曲はAとBしかないものや、クラシックやミュージカル調の曲は当てはまらないものも多いのですが）。よくあるポップスでは、このメロディのブロックがA－B－C－A－B－C－(D)－Cという構成です。

その場合、音量はこのように調整します。

A－B－C－　A－B－C－　(D)－C

音量　小－中－中の大　小－中－大　大－大

(Dはない曲や最後のCが何回もつくものがありますが、オリジナルを聴いて判断してくださいね)

さらには、1番よりは2番、2番よりは3番のほうが全体的にはエモーショナルで音量も上がっていきます。

音楽はずっと同じということがNGなのです。1回1回違うふうに仕上げていかなければいけないのです。これを頭に入れながらカラオケで歌ってみてください。きっとそばにいる人の反応も違うはずです。

カラオケで自分に合った
キーを見つけたら
まるでアーティストの
ように歌える

私はお仕事でたくさんの方の歌を聞かせていただく機会があります。

歌が大好きでプロを目指しているという人ほど、初期の段階では無理なキーで歌っている場合が多いように思います。だからぱっと聞くと趣味でやっている方のほうが歌がうまく聞こえることがあります。

その理由は、真剣にプロを目指すあまり気合が入り、客観性よりも、アーティストと同じキーで歌いたいという気持ちが強いからだと思います。そういった方は、大変まじめにレッスンされますし情熱もあるので、レッスンしていくうちに声も出てきて、そのキーが出るようになります。そして自分のキーに合わせたほうが素敵に聞こえるということを理解すると、急激にうまくなってゆくのです。

趣味でやっている方は趣味だからと思う気楽さで、冷静なのでしょう。素直にキーを下げてくれます。音楽は自分プロデュースです。いかに自分を客観的に見ることができるかが勝負です。だから私がしつこく自撮りの録画や録音をすすめるのは自分の客観性を高めるためなのです。

自分に合ったキーを見つけるにはまず、その歌の音域（どの音が一番低くてどの音が一番高いのか）を知ります。歌によって、全音で6音しかない曲や、2オクターブ近く（もちろんそれ以上も）ある曲まであります。スマホのアプリにはピアノのアプリがありますのでダウンロードして、自分の音域を調べてみましょう。

（これ以降のカッコ内のC、D、E、F、G、A、Bはドレミファソラシをアルファベッ

ト で示した、音楽業界の呼び方です)

私は作曲家でもあります。いつも曲を作るときは、歌手ごとにキーを設定します。多くの場合、男性向けの曲は、下のレ(D)から1オクターブ上のソ(G)まで、声の高い男性アーティストはその上のラ(A)~レ(D)くらいまでの範囲で作ります。女性向けの曲は、地声で歌う場合は下のソ(G)から1オクターブ上のレ(D)まで、裏声も使う場合はその上のミ(E)くらいまで使う場合もあります。

もちろん曲によってはもっと音域が広かったり狭かったりし、上記の音域に当てはまらない人もいますが、総じて男女ともに1オクターブ半くらいで曲を作ることが多いです。訓練を積んでいる歌手には、広い音域の曲を提供できます。

まずは、自分の地声と裏声がどこからどこまで出るかを知っておくと、これから先とても便利です。ボイトレを続けるとどんどん音域は広がります。ちなみに「ウイングス ミュージック スクール」でボイトレされている生徒さんは、皆4オクターブから6オクターブ無理せず出ています。

ちなみに音域を調べてみたい方に、カラオケで歌う際、どのようにキーを調整すればいいかお教えしています。

女性で地声が高いソプラノタイプ

地声　下のファ(F)から1オクターブ半上のレ(D)

裏声　地声トップの上、ラ(A)くらいまで
キー：ほとんど女性アーティストと同じキーで歌えます

女性で裏声が得意でミックスボイスを出せて、自分でもどこが地声か裏声かわかりづらいアルトタイプ
地声　下のソ(G)から、1オクターブ上のラ(A)くらいまで
裏声　地声トップの上から、ファ(E)くらいまで
キー：裏声を使えばアーティストと同じキー
　地声なら2つ～3つ「♭(フラット)」しましょう

女性で声が低いアルトタイプ
地声　下のソ(G)からミ(E)まで
裏声　地声トップの上から、シ(B)くらいまで
キー：6つ～7つ「♭(フラット)」、または5つ～6つ「♯(シャープ)」しましょう。

男性で地声が高いアルトタイプ
地声　下のレ(D)から約1オクターブ半上のラ(A)
裏声　地声トップの上から、ド(C)くらいまで

キー：ほとんどの男性アーティストと同じキーで歌える

男性テナー　1タイプ

地声　下のレ(D)から1オクターブ上のミ(E)くらいまで

裏声　地声トップの上から、シ(B)くらいまで

キー：3つ「♭(フラット)」(半音下げ)しましょう

男性テナー　2タイプ

地声　下のソ(G)から次のミ(E)のくらいまで

裏声　ほとんど出したことがない

キー：4〜6つ「♭(フラット)」しましょう

女性で声が低いアルトタイプまたは男性テナー2タイプの方は、音域が今のところは狭いので、無理して音域の広い歌を歌わないようにしましょう。たとえば『明日があるさ』や、洋楽なら『The Rose』のような音域の狭い曲から始めてみましょう。ボイトレをするうちにだんだん音域が広がり、いろいろな曲が歌えるようになります。

無理して高いキーで歌うより、自分に合ったキーで完璧に歌うほうが、音楽としてはとてもステキな仕上がりになります。キーを落とすことを怖がらないでくださいね。

「よい声」と「お尻」には不思議な相関関係がある

先の章で声を出すときに同時にお尻の穴を締めるということを書きましたが、どうしてだと思いますか？

実は内臓は胃や腸が蠕動《ぜんどう》運動をしているために、常時細かく揺れています。その揺れが声となって出てきています。ですがお尻の穴を締めると内臓、特に胃が上がり、声の揺れがおさまり不安定さがなくなります。ですので、ロングトーンなどで声をきれいに伸ばしたいのにブレたり音程が不安定になるとき、音圧が欲しいときには、ぜひ思い出してくださいね！　これはボイトレ効果以外に、アンチエイジング効果もあります。年を重ねるといろいろなものが下垂してきます。内臓の老化が表面の老化ですから、それを止める効果もあります。

このお尻の穴を締めることは、日常生活でも役立ちます。

- **何かの衝撃でびっくりしたときのすぐ後に**
- **注射や歯科治療などで痛みを我慢する前に**
- **仕事の前に**
- **緊張する場面の前に**
- **スピーチの前に**
- **場面が変わるすべてのことの前に**

内臓が正しい位置に戻って気持ちが落ち着き、声の揺れもなくなります。一日何度もお尻の穴を締めてみてくださいね！　生活のクオリティが上がります。

いろいろな声についてトレーニングも含め述べてきましたが、ボイトレは本当に奥の深い一生もののトレーニングです。本書では誰もが安全にできる基礎トレーニングをご紹介してきました。

この本を読まれる方で、プロを目指されたい方もいらっしゃるかと思います。プロになるとある特定の環境の中で歌わなければいけないので、動かなくても、その逆にどんなにダンスや振りで動いてもブレないで息切れもしないで歌えるようにならなければいけません。もしもプロを目指したいという方はこの上のステップもたくさんありますので、ぜひボイトレの個人レッスンを受けることをおすすめします。遠方または忙しくてどうしても通えない方のためには今回『ミニー・Ｐのボイトレ「など」』というボイトレアプリを作りましたので、ぜひ活用してみてください。

ボイトレと歌が、皆さんの一生の親友となりますように。

KARAOKE

必ずカラオケがうまくなる「歌ウマ」テク10

必ずカラオケがうまくなる「歌ウマ」テク — 1

マイクの柄は床と水平に持つ

ハンドマイクの柄を縦や斜めに構えるのは、とても損な持ち方です。ダイナミックマイクと呼ばれるハンドマイクには特性があり、丸い部分の真ん中で音をとらえるようにできています。側面を持つとハウリングします。マイクの丸みの真ん中に向かって発声するためには、マイクの柄を床と平行になるよう横に構え、口に近づけましょう。そうすると、声を張らなくてもマイクがしっかり音を拾ってくれるので、無駄な力が抜けて「魅き寄せ声」を出しやすいのです。歌ウマの歌手の人が「マイクを食べちゃう」くらいに口をマイクに近づけているのは、無駄なくよい声を出すためです

必ずカラオケがうまくなる「歌ウマ」テク ― 2

「自分の声」と「オケ」を半々で聞く

一般の人は、カラオケで歌っている最中、「自分の声」をメインで聞いています。自分の歌のない間奏の部分では、歌い出しなどを間違えないためにオケを聞いているのですが、歌い始めたとたん、「自分の声」のほうばかりに耳が向きがちです。だから音程がズレたり、歌唱スピードが遅くなったり、早くなりすぎたりするんですね。音程やスピードのズレは、それがほんの少しであっても、まわりの人にはズレと感じます。歌ウマになるには「自分の声」と「オケ」を半々で聞くこと。オケをよく聞くようになると、自然とカラオケの採点システムの点数もアップしますよ

必ずカラオケがうまくなる「歌ウマ」テク－3

思い切って3つか4つ「♭（フラット）」させる

一般の人にとって原曲キーは高めです。男性が男性歌手の歌を歌う場合も、女性が女性歌手の歌を歌う場合もです。皆さん、カラオケでは原曲キーのままか、音程を下げるとしても、「♭」をせいぜいひとつかふたつ「♭」。そうすると高い音程を無理して出すことになったり、裏声を使う回数が増えてしまいます。特にポップスの場合、できるだけ地声で歌うほうがうまく聞こえますし、地声と裏声の行ったり来たりするのは、実はかなりワザが必要な技術。かなりボイトレを積まないとスムーズに行えません。思い切って３つか４つ下げて、ほぼ地声で歌うのが正解です

必ずカラオケがうまくなる「歌ウマ」テク－4

日本語の歌詞も英語のように発音

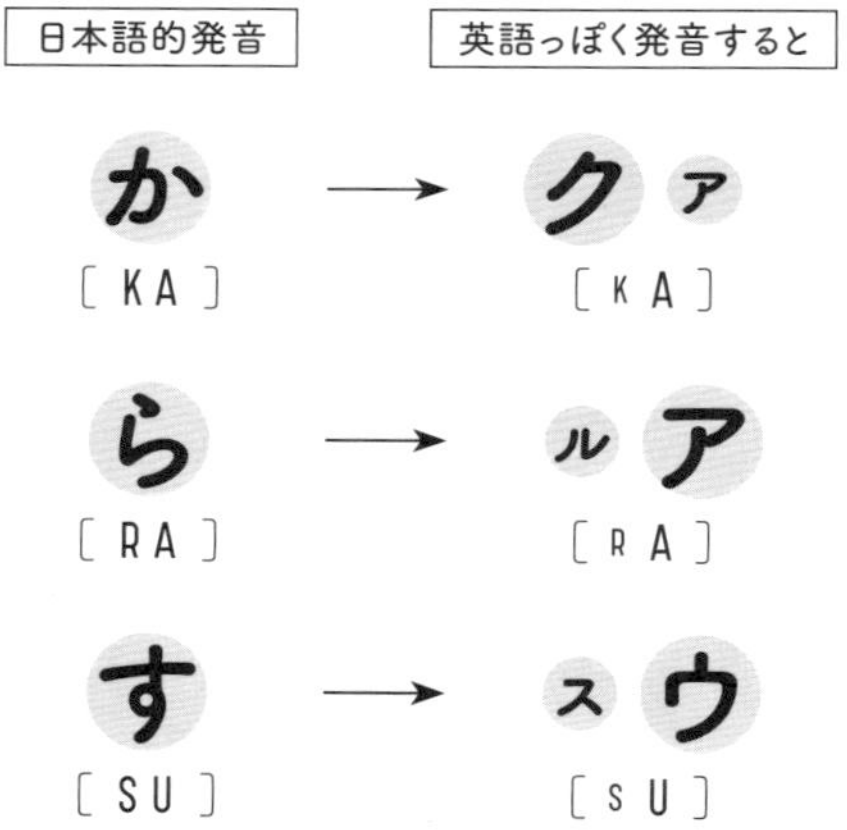

ものまねタレントが歌ウマポップス歌手のモノマネすると、外国人がたどたどしく日本語を話しているような歌い方になりますよね。ものまねタレントは誇張しているのでクセを強めにしていますが、私たちもあの英語風の発音をマスターすると歌ウマになれます。ポイントは子音と母音をそれぞれはっきりと発音すること。童謡『七つの子』を英語っぽい発音で歌ってみてください。どうです？　カッコよく歌えますよね？　次は、あなたのカラオケ18番を、子音母音ともに強めで歌ってみてください。自分でも「オッ!?」と思うくらいうまく歌えるはずです

必ずカラオケがうまくなる「歌ウマ」テク―5

歌いながら体でビートを刻む

今どきの歌を歌っているのに、なぜか単調、または昭和っぽい感じに聞こえてしまうのは、ビートを刻めていないからです。学校の音楽の授業では、４拍子の歌は４拍で拍子を取りましたよね。でも、歌手は４拍子の曲でも１小節に８回、または16回と細かくビートを刻んでいます。だからグルーヴ感が出てカッコイイのです。細かく刻めば、リズムが乱れる可能性も少なくなり、歌ウマになります

必ずカラオケがうまくなる「歌ウマ」テク－6

ビートに歌詞をバシッと当てる

「歌ウマ」テク2でもお話ししましたが、オケのビートと歌詞がズレると、声がどんなによくてもシロウトっぽくなってしまうもの。下の波形を見てください。MISIAさんの『Everything』のサビの部分を歌ったときの、声の大きさの移り変わりを可視化したものです。上はプロのR&Bシンガー、AISHAが歌った波形、下は一般の人がごく普通に歌ったもの。比較して見ると歌ウマのコツがよくわかります。歌ウマの場合、点線で囲んだ音が、小節の始まり、つまり「ツクツク」というビートの最初の「ツ」にバシッと合っています。このようにバシッと合うためには、「歌ウマ」テク2のようにオケをよく聞いていることが必須ですし、「歌ウマ」テク5のように歌いながらビートを刻むことが大事です

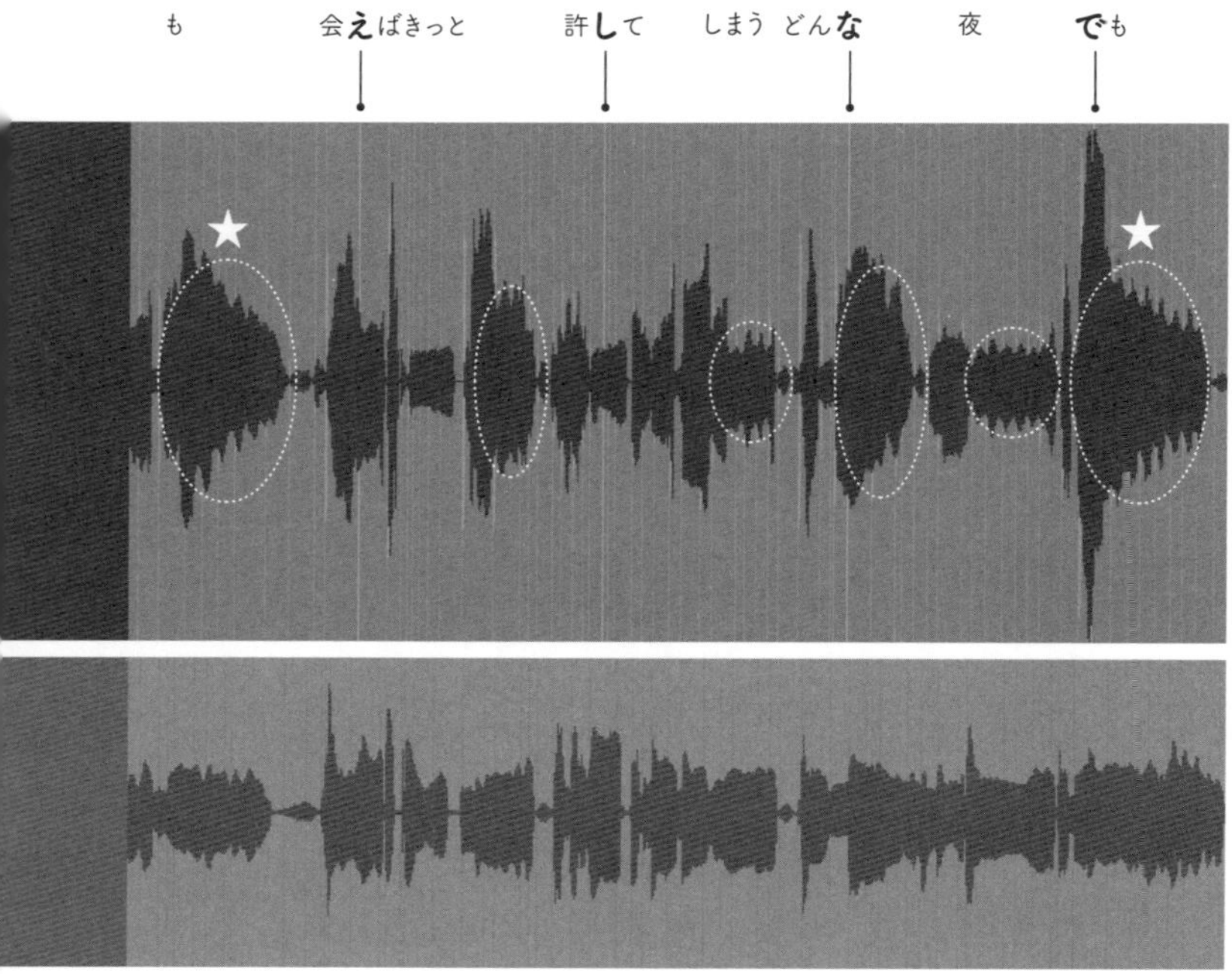

JASRAC 1812562-801

必ずカラオケがうまくなる「歌ウマ」テク－7

フレーズ終わりにビブラートをかける

下の波形を見てください。一般の人の波形が単調なのに比べ、歌ウマの波形はダイナミックですね。注目してほしいのがマルで囲んだビブラートの部分。特に、曲が盛り上がる星印のフレーズ終わりには、きれいなナミナミの波形ができてますね。ただし、曲やフレーズによってビブラートが必要ないこともたくさんあります。必要かどうかは、オリジナル曲をよく聴いて、判断してくださいね。ビブラートが規則的にかけられるのは、「歌ウマ」テク５でも紹介したように、細かくビートが刻めているからです

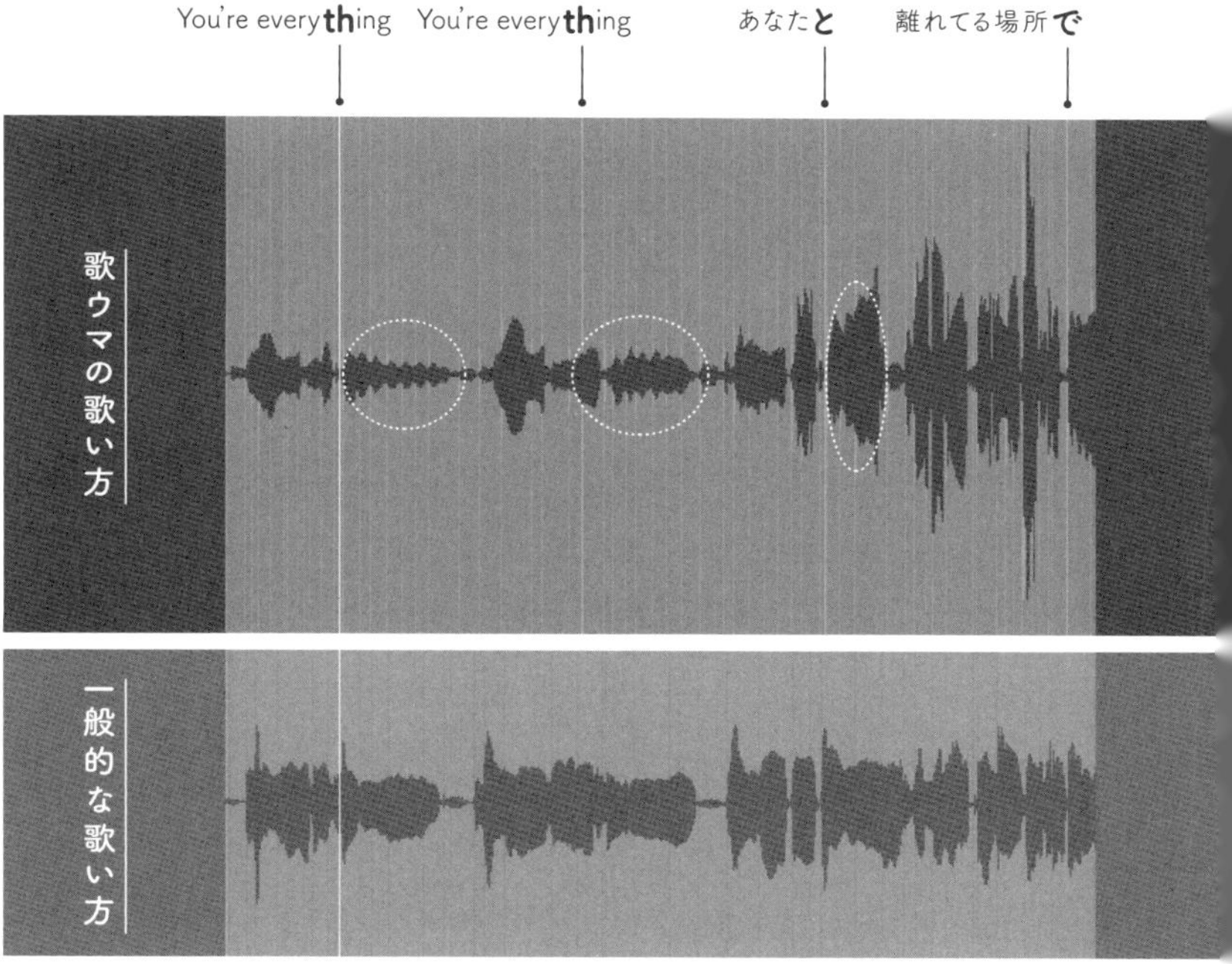

必ずカラオケがうまくなる「歌ウマ」テク －8

サビの盛り上がりは息つぎが命

下の波形を見てみましょう。歌ウマの人が、これだけ声量豊かに盛り上がって歌えるのは、息つぎをしっかりしているからです。普通の人は息つぎを忘れてしまうか、もしくは少ししか空気を吸い込んでいないので、結果大きく吐き出すことができず、下の波形のように単調になってしまいます。あなたも、下に記した歌ウマの人の息つぎマークのところで、息つぎをしながら歌ってみてください。息つぎが多いな、と感じませんか？　そうなんです。歌ウマは、息つぎが命です。特にこのような曲のサビでは下の息つぎマークのように、瞬時にしっかり吸ってます。息つぎに遠慮は禁物です

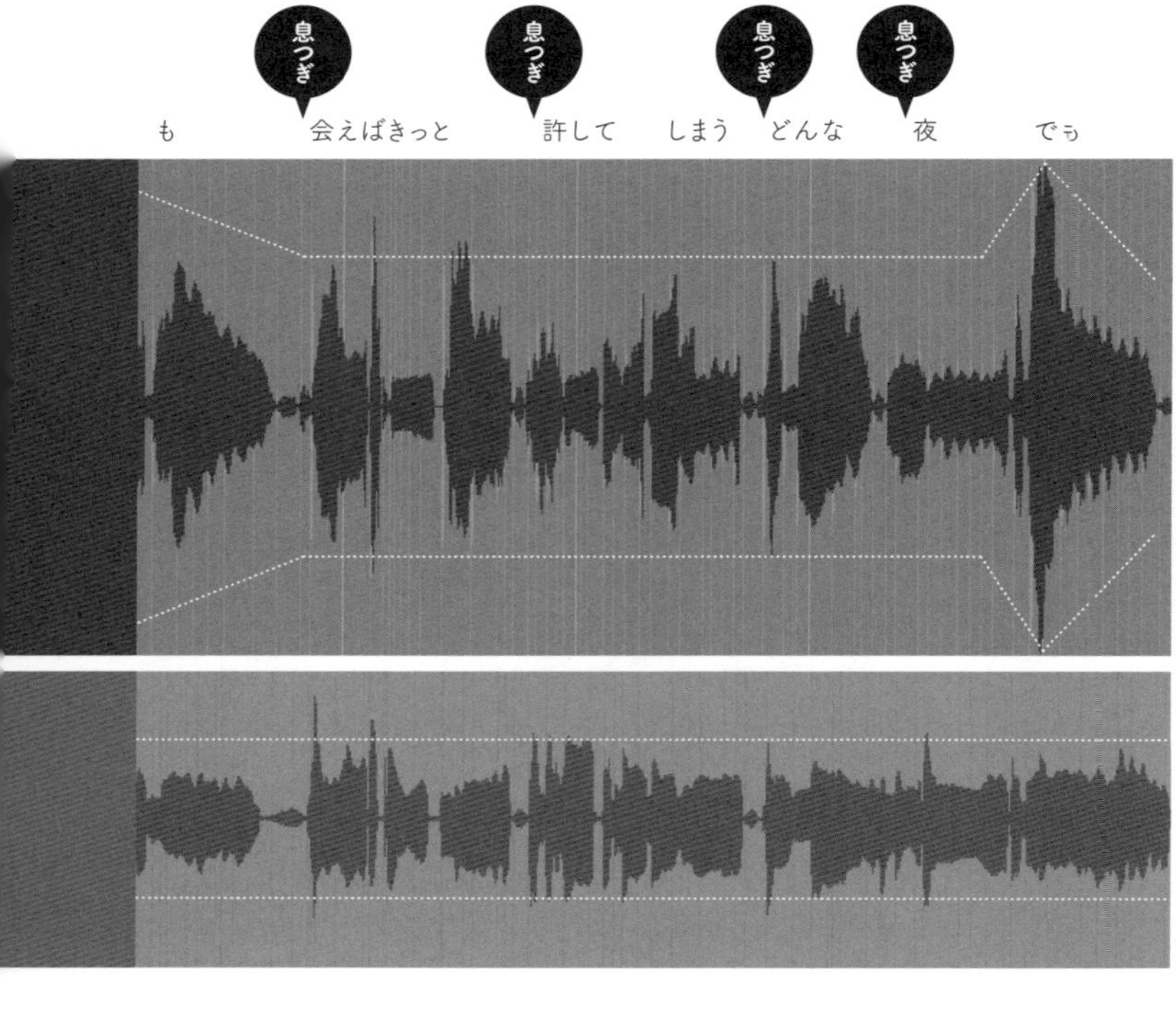

必ずカラオケがうまくなる「歌ウマ」テク－9

強弱をつけて エモーショナルに歌う

歌ウマの歌手の人は、とても感情をこめて歌っているように聞こえますよね。もちろん感情もこもっていると思います。でも感情だけでは聞いている人の心を揺さぶることはできません。エモーショナルに聞こえるかどうかは、ボリュームの強弱のふり幅の大胆さにかかっています。下の波形の点線を見てください。「You're everything　You're everything」はささやくようだったのが、「あなたと」でだんだんボリュームを上げていき、「離れてる場所でも」で最大ボリュームに。このメリハリが、エモーショナルに聞こえる秘訣。やってしまいがちなのが、ずっと大音量で歌ってしまうパターン。これでは自分だけで勝手に盛り上がっているみたいで、聞いている側は心を揺さぶられません

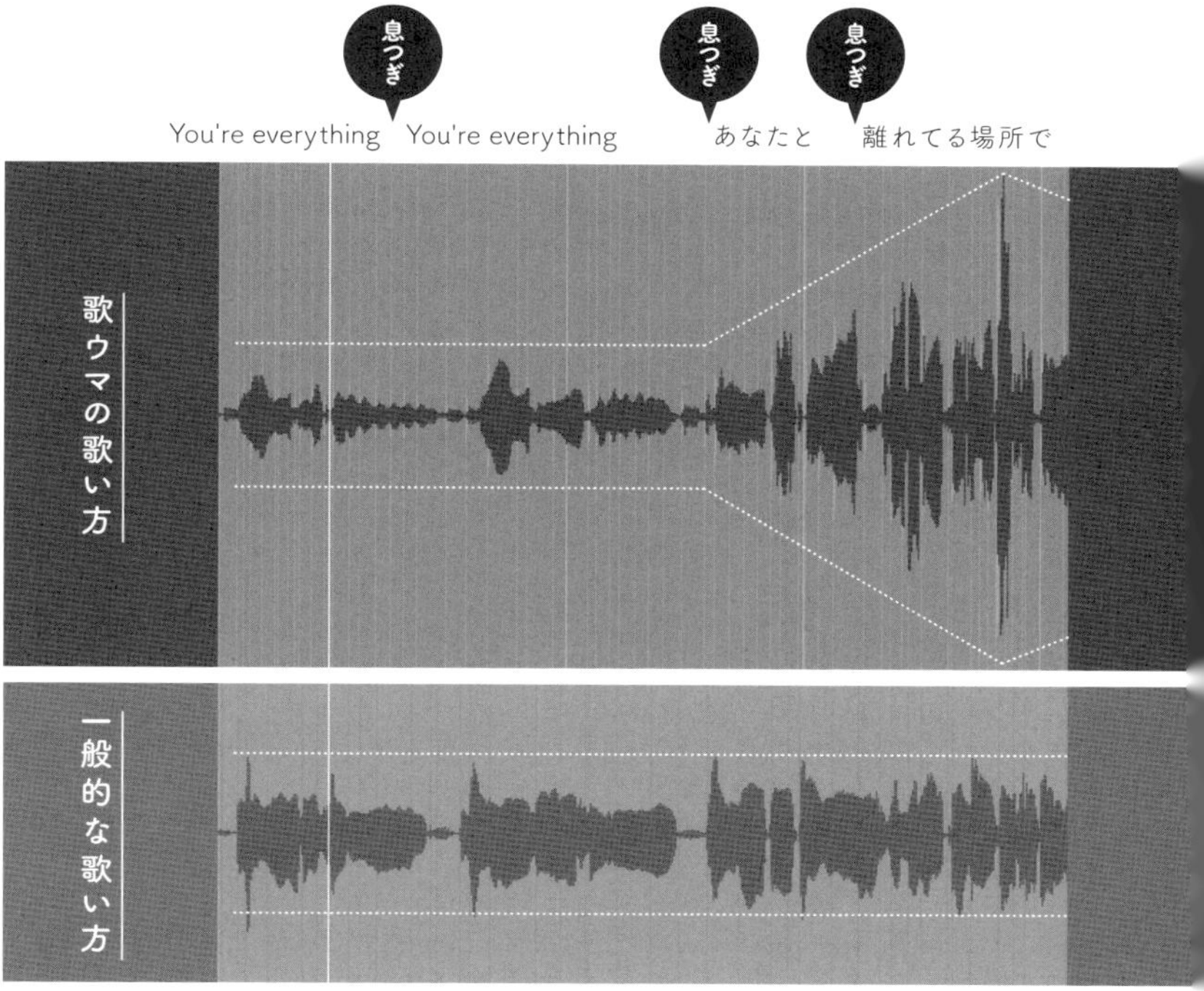

必ずカラオケがうまくなる「歌ウマ」テク－10

歌詞をある程度覚えておく

※あくまでイメージです。本当に泣くと歌えません（笑）

これは案外盲点なのですが、歌詞がある程度頭に入っているだけで、歌ウマレベルがかなり上がります。昔から歌っている歌が、ある程度うまく歌えるのは、歌詞が体に染み込んでいるからです。「カラオケでは、歌詞がモニターに出るから、覚える必要はないのでは？」とお思いでしょう。ところが違うんです。モニターに出る歌詞は、オケに合わせて歌い出しのときに色が変わりますよね。それが盲点。色が変わったのを見てからではすでに出遅れ、テンポに乗り遅れています。モニターは確認程度に見て、あくまで自分の耳でオケを聞き、記憶している歌詞で歌ったほうが、バシッとビートに乗れます

ミニー・Pの

魅き寄せ声コラム

vol. 5

title: 地声と裏声をスムーズに切り替えられるようになったら、あなたも歌ウマの仲間入り

音程が徐々に高くなっていき、途中で「もうダメ」とのどが苦しくなって急に裏声に切り替えるのが一般の歌い方。そうすると、誰の耳にも苦しくなって裏声になったんだな、と聞こえます。歌ウマの人は、もちろん裏声も使いますが、地声と裏声の切り替えがスムーズです。

地声と裏声のほかに、地声と裏声のあいだの「ミックスボイス」があります。地声は先に説明したとおり、胸に手を当てたとき胸に響く声です。音程が高くなると声が胸に響かなくなりますが、響くと響かないの境目が「ミックスボイス」。音程が高くなっていったとき、徐々に地声と裏声を混ぜる感覚です。

地声から裏声への切り替え、裏声から地声への切り替えに、このミックスボイスを使うと、急に音質が変わった違和感がなく、なめらかな歌声に。本書のアプリと連動しているストレッチボイトレを続けていると、どのあたりの音程が自分のミックスボイスなのかがわかるようになり、歌ウマのレベルがワンランクアップします。

ミニー・Pの

魅き寄せ声コラム

vol. 6

title: 「自分はリズム感が悪い」とほとんどの人が思っているけれど、リズム感は練習によって培われるもの

私がまだ学生時代にプロのシンガーのバックバンドの中でキーボードを弾いていたころのことです。黒人のドラマーがスタジオにヘッドホンをしてノリノリで入ってきました。あまりにカッコよくノッていたので、思わず何を聞いているのか知りたくなりました。「聞いてみたい？」とその彼は笑って私にヘッドホンを渡してくれました。そうしたらなんと、音楽ではなくリズムマシーン（メトロノーム）のただのクリック音でした！

プロのミュージシャンで、かなりリズム感のある人でも歩いているときにリズムマシーンを聞きます。リズム感とは、天から授かるものではなく、自分で養うものなのです。

どうやってリズムを練習していいのかわからないかもしれません。何かの曲の中の、ドラムの音を聞き、それに合わせて一番細く刻んでいるビートを、手をたたいて刻んでみてください。音楽が聞こえるたびに実践すれば、リズム感がどんどんよくなります。

よく頭を縦に振ってリズムを取りながら歌う人がいますが、NGです。リズムは頭の中で取ります。曲調によっては、足でビートを刻みましょう。

7

How my life changed after Minnie's techniques-real stories

「魅き寄せ声」を手に入れたら、人生が変わった！

ミニー・P式ボイトレ体験談

声を磨くのは

目指す自分に近づく最短の近道。

自分の声が好きになると

仕事も、婚活も、

スイスイうまく運びます。

7

ボイトレで体の力の抜き方を覚えたら、経営もゴルフも、さらにうまくいくように

CASE_1

Name：鍵本忠尚さん

Age：41歳

Job：(株)ヘリオス代表執行役社長

Experience：2年半

私がボイトレを始めたのは、スピーチが上手になれたら、と思ったのがきっかけです。私は仕事柄、日本国内や海外でプレゼンをすることが多く、スティーブ・ジョブズのようなスピーチに憧れていました。そこでミニー・P先生のボイトレを受けることになったのですが、声を出すことの奥深さを初めて知り、この2年半、気づきの連続です。

まず直されたのは姿勢。声をよくする具体策の第一番が、姿勢を正すことだとは思いもよりませんでした。それを知って、ジョブズの動画などスピーチがうまい人を見ると、確かに姿勢がいい。それまでは、まったく意識していませんでした。

いい声を出すための姿勢は、自分がよいと思っていた姿勢とは違いました。骨盤を立て、

丹田に力を入れて、あごを引くと、確かに声を出しやすくなることを実感しました。ただ、たまにゴルフをするくらいで運動などはしていなかったものですから、体のあちこちが硬くて、いい声のための姿勢を続けるのが大変で(笑)。ミニー・P先生から体を毎日ほぐすようにと言われ、人生で初めて自宅でストレッチをするようになりました。

ちなみに、私は医学部出身なので、姿勢を取る際、つい骨格標本を思い浮かべてしまうのですが、ミニー・P先生の教えのとおりに姿勢を取ったときは、頸椎の7番目（首の骨の一番下のパーツ）が頭蓋骨の重みを体の芯で支えるちょうどいい位置にくるなぁと。首・肩の緊張が取れ、のどの奥が楽になるのがわかります。すると、今まで出せなかった高音の声がスルリと出るのです。これは感激しましたね。

姿勢に始まり、口の開け方、高い音や低い音の出し方、音圧のかけ方などスピーチに必要なことを教わるうちに、「体性感覚」が養われてきたことを実感するようになりました。「体性感覚」とは医学用語で、皮膚感覚、深部感覚、内臓感覚を表す言葉です。目や耳などから入り大脳皮質で処理した膨大な情報と異なり、いわば動物的な感覚の部分です。人間も動物ですから、本来頭だけでなく、全身でいろいろな判断を下すべきなのですが、現代人はアンバランスになってしまいがち。

頭の先から足の先までを使うボイトレを続けると、全身のいろいろな感覚が目覚めてきます。すると不思議なことに、不要なところから力が抜けるようになりました。体のトレーニング方法はいろいろあると思いますが、道具を使わず「身ひとつ」で行うのがよいところです。だからこそ「体性感覚」が磨けるのだと思います。

力を抜くことを覚えたのは、人生の大きな収穫でした。スピーチやカラオケのときに声が響きやすくなったのはもちろんのこと、仕事の面でも大いに役立っています。

まず、気づいたのは会社の経営。私は、山中伸弥教授がノーベル賞を受賞したことで知られるiPS細胞を用いた加齢黄斑変性の治療法の実用化に向けて、2011年に株式会社ヘリオスを創業。2015年に東証マザーズに上場するまで、会社をまとめあげていかなければとかなり力が入っていたと思うのですが、今思えば無駄に力を入れていることが多かったな、と。

今では、「患者さんを治す」という明確なゴールを常に社内に示して、社員の充足感を第一に考えるようになりました。ボイトレは耳を鍛えるトレーニングでもあります。ボイトレをするようになったら社員の表情からだけでなく、発言するときの声の感じから、本音を言っているのか、誰かの指示で話しているのかまでわかるように。不協和音があっても、自分の聞く力が閉じていたら、聞こえるものも聞こえません。

声にハリが出て、よく通るようになってきた社員がいたら、「これは確信と気力に満ちているな」と判断。次のプロジェクトを任せたりしています。

おかげさまで上場時は20名だった社員も、人の縁に恵まれ100名にまで増え、事業内容も少しずつ拡大しています。これもボイトレのおかげだと思っています。「体性感覚」を実感するようになってから、経営の世界は、野生の王国だと感じるようになりました。百獣の王、ライオンも常に狩りをしているのではありませんよね。力を抜くところは抜いて、ガオーッと行くべきときには声を出せる。それが生き残る道。経営は「声が仕事」と、つくづく思います。

ゴルフが楽しくなったのも、ボイトレ効果ですね。120だったスコアが100を切るようになりました。ボイトレを始める前までは、自分の体がカチカチなことに気づいていなかったので、教わってもいいスイングができなかった。今では、ボイトレ仕込みの姿勢とリズム感で力を抜き、スイングの強弱もつけられるように。歌を歌うときは、一小節ごとに呼吸をしてリセットしますが、それはゴルフで打つ直前にクラブを小刻みに振って手首の力を抜くワッグルと同じなんです。仕事でも、プロジェクトが動いてエキサイトしているときほど、リセットしてニュートラルになることを心がけています。

健康面でありがたいのは、よく眠れるようになったことです。以前は経営に前のめりすぎて、余計な力が入り、体がコチコチで眠れなかったのだと、今になればわかります。

ボイトレもまだまだ発展途上。ですが、この2年半でもこれだけのいいことと発見があったのですから、これからもっと学びがありそうです。ワクワクしながら続けていきたいと思います。

○ミニー・Pからひと言

鍵本さんは、とても努力家で、私のマンツーマンレッスンでは、必ず毎回ノートをとっていらっしゃいます。そして、レッスンを仕事にもプライベートにも最大限に生かしてくださっているのが、とてもうれしいです。ご自宅でレッスンしている様子を娘さんが見て、音楽に興味を持ってくださって家族にもよい影響を与えていらっしゃいますね。

体の仕組みをよく理解していらっしゃるだけあって、最初2オクターブだった音域が5オクターブまで広がり、鍛えればピアノの88鍵すべての音が出そうな勢いです。

音域が広がったことで、深みのある「倍音」を含む声で話したり歌ったりできて、当初のご希望だったプレゼンもさらに上達されました。滑舌、テンポ、音圧すべてがレベルアップして、会場を魅了する「魅き寄せ声」になっています。

私も人生の半ばから目が不自由になり、私とともにたくさんの世界中の患者さんが再生薬を待ち望んでいる状況です。ぜひ一日も早く、そのお薬が実用化できるように、これからもボイトレで声を鍛えて、世界中でプレゼン、がんばってください！

子どものころからの声のコンプレックスを克服。キレイになって、大人婚を「魅き寄せ」

Name：井上美穂さん
Age：39歳
Job：会社員
Experience：10年

私が声にコンプレックスを持ち始めたのは、小学生のときです。先生や同級生から声が聞き取りづらいと言われました。自分では大きくしているつもりなのですが、うまく届きませんでした。

そのコンプレックスが、またもや頭をもたげ始めたのが、就職してからです。大きな会議室で発言すると、「もっと大きな声でお願いします」と言われてしまうことが。何とか声の問題を克服したいと思って飛び込んだのが「ウイングス ミュージック スクール」でした。

驚いたのは、レッスンがストレッチからスタートしたことでした。運動が好きではなく、体をあまり動かしていなかったので少しとまどいましたが、「体を楽器にするのがボイトレ」と聞き、納得。1時間のレッスン後には、ジムで走ったような心地よい疲れがあります。

体が硬いことに気づき、家でも毎日お風呂上がりに15分ストレッチをするように。するとボイトレを初めて1年で、体重が8kg減に。ミニー・P先生からも「キレイになったね」と言ってくださったし、会社の同僚や友人からも「痩せたね」と。実際ウエストも細くなりました。

今は少し体重が戻りましたが、年齢なりの適正体重を維持しボイトレを続けていることで体形へのコンプレックスがなくなりました。

声のほうはどうかというと、仕事の場での発言で聞き返されることはなくなりました。以前はしゃべる内容のほうに集中しすぎて、聞き手の方への気配りがおろそかになっていたのですが、今は余裕を持って、遠くの人にも声が届いているかな?と意識できるようになりました。声は「越えられない壁」と思っていましたが、その壁は完全に取り払われました。

仕事柄、週3、4回はプロジェクトの業務や営業の同行で出張に出るので、飛行機や新幹線によく乗るのですが、エアコンによる乾燥で声がかれることがなくなったのもボイトレの収穫です。出張先でも自信を持って話すことができます。声に自信が持てると、話す内容にもバリエーションが生まれ、相手に合わせた対応力も身につきました。

また声に自信が持てたことで、自分らしさを飾らずに出せるように。営業では人柄で信用できる会社かどうかを判断されることも多いです。営業トークというよりは、自分自身が納得している内容を「盛る」ことなく、落ち着いてお伝えするようにしています。

そのかいあってか、2年前にはチームリーダーを任される立場になりました。部下に何かを諭さなければならないときも、マイルドな口調で、でも伝えたいことはちゃんと伝えるられるのは、ボイトレのおかげです。

子どものころ、しゃべるのは苦手でしたが、歌を歌うのは好きでした。ボイトレを続けているおかげで、歌のほうも進歩していると思います。会社の人たちとカラオケに行き、歌を披露すると「ディナーショーみたいだ!」と騒がれます(笑)。冗談だと思いますが、歌を歌うことで親しみを感じてもらえるのがうれしいですね。普段はきまじめに見られがちなので、リラックスした場でギャップを感じてもらえるのがありがたいです。

4年前、ミニー・P先生に「そろそろ結婚したいな」とお話ししたことがあります。他人と会って話をするのは疲れるので避けていたのです。先生は「美穂さんなら大丈夫、声もハッピーになったし、幸せをつかめるはず」と言っていただきました。

おかげさまで縁あって気が合う人と知り合え、2年前に結婚できたのも、飾らない自分の声で、自分の存在感をありのままに示せたからかな、と思っています。自分らしさを声に乗せて発信しているうちに、波長の合う人が見つかった、という感じです。

○ミニー・Pからひと言

美穂さんは、この10年で声がとても安定して声量が上がり、美しく響くようになり、それに比例するように見た目も美しくなりました。10年前は若かったけれど、今のほうがずっとずっと輝いているのは間違いありません。素敵なご主人に出会えて、幸せそうで本当によかったですね。

会社では、今や美穂さんはリーダー。上から目線ではなく、女性ならではの円滑なチームづくりをしているようですね。美穂さんの感じのいい「魅き寄せ声」は何より武器になっていると思います。

話すことは、あまりに普通のことすぎて教育が置き去りにされていますが、ちょっとした声のトーンで相手の受け止め方が変わります。そのことに美穂さんは気がつきました。声がよくなることで自分に自信がつき、考え方も明るくクリアになり、その精神が人に伝わってコミュニケーション能力がどんどんアップしてきています。

美穂さんは、社会でコミュニケーションを円滑にするための技術をどんどんマスターし応用されていらっしゃいます。ぜひこれからも、声に磨きをかけてがんばっていってほしいと思います。

ボイトレで音楽の楽しさと深さを知り、50歳からは音楽とともに生きていけたらいいなと

CASE_3

Name：佐藤 健一さん
Age：43歳
Job：会社経営
Experience：5年

私が大学3年生のとき、母親が若年性アルツハイマー型認知症を発症しました。自宅で介護していたので大変だったのですが、カラオケに連れていくととても喜ぶんですね。いろいろな記憶が薄れていくなかで、カラオケは歌えるんです。しかも表情がメチャメチャ楽しそうで。いつか音楽をやりたいな、と思った原点です。

母が若年性アルツハイマーになったのは、そのころ兄も自分も自宅を出て、父親も忙し

かったので、寂しかったのではないかな、と。今になるとそう思うんです。そんなとき、歌を歌うという手段があったら、自分の楽しい世界が広がるのではないか。将来、自分が50歳になったときを見据えて、自分なりにライブをやったり、歌が好きな人たちと楽しむ場があったらいいな、と。人生の後半を豊かにしたくて、ボイトレを始めました。

ボイトレを5年やって実感しているのは、体幹など体の内側を整えてくれること。私は、もともとプロサッカー選手だったので、運動は大好きなのですが、ボイトレには走ったり筋トレにはない効果がありますね。

ボイトレは、呼吸法。腹式呼吸でしっかり息を吸って、コントロールしながら吐くというレッスンがとてもいい。人間ドックでは体年齢20歳。特に肺活量の数値が平均値よりかなり高いので、お医者さんから「何をやっているんですか?」と聞かれたほどです。実際、走ったり、筋トレなどしていないですが、おなかも引き締まっています。

それと、ボイトレでは口をしっかり開けたり、目をパッチリひらいたりと、顔の筋肉をすごく使うので、表情がよくなりますね。自分でいうのもなんですが、笑顔が自然でさわやかになったように思います。肌もキレイになりましたし。声が若ければ、見た目も若く見えますからね。最初は、歌を楽しく歌うのが目的でしたが、その他の副産物があまりに多いので、声は誰でも鍛えたほうがいいのでは?と思うようになりました。

もちろん、この5年で声はずいぶんレベルアップしました。私は、講演やセミナーでのスピーチの機会が多いのですが、3時間しゃべってもまったく疲れないですし、以前も聴講した方から「声、変わりましたよね」と気づいてもらえます。カラオケでは、まわりの人から「なんでそんなに上手なの?」「何やっているの」と矢継ぎばやに聞かれます。声質や声の持久力が、以前とはまったく変わったのだと思います。「普段の話し声も、歌も、ボイトレをすれば変わる!」というのが実感です。

最近では、シチュエーションに合わせて、声を使い分けられるようになってきました。たとえば、疲れているときなどは、接待や会食の場面で声がどんよりしてしまいがちです。それでは、相手の方に失礼ですし、話したい内容や思いが伝わりにくくなってしまいます。

そんなとき、声のスイッチを入れて少し高いトーンで話すと、テンションが上がりますし伝えたい内容も伝わります! ボイトレで、のどに負担をかけない声の出し方を訓練しているので、疲れているときでも高い声を出せますし、このくらいの声を出せばテンションが上がるというラインもわかってきました。

人と会って話をするのが仕事なので、ボイトレは本当に役に立ちます。

うちの社員は、新卒の若手からまじめなベテランまで、社員のタイプもいろいろ。社内で何かを伝えるときも、声を高めのトーンにして、努めてリラックスした表情で話すようにしています。どんなタイプの社員にも、しっかりと受け止めてもらえるからです。褒めるときも「よくやったね!」「よくできたね!」とニコニコしながら明るい声で声をかけます。すると、社員のほうもうれしそうで、社内のコミュニケーションがよくなります。ボイトレは自分の声や、音楽を「聴く」訓練でもあるので、取引先の方はもちろん、社員の話はよく聞くようになりましたね。

声のコミュニケーションは、その場によい「気」を流します。この「気」を感じていたいから、いつでもいい声で話せるよう、これからもボイトレを続けていきたいです。

◎ミニー・Pからひと言

佐藤さんはボイトレを通じて、音楽の持つ豊かさを実感し、お仕事などにもどんどん応用されていらっしゃいます。

まだ音域が狭かったときから、自分の目標を高く掲げて、ひとつずつ目標をクリアしてきました。音楽業界を知らなかったため、まったくエンターテインメントには興味を持たれていなかったそうですが、今はそちらの分野にも参入され、ゆくゆくは音楽を通じて多くの人とコミュニケーションできる場を、提供するような事業を手がけたい、という夢を持っていらっしゃるようです。

これからもずっと応援していきたいですね。

のどがかれる不安が解消され、生徒さんがヨガに集中できる声に

CASE_4

Name：三浦久子さん

Age：30代後半

Job：ヨガインストラクター

Experience：4年

以前は自分の声に自信が持てませんでした。というのも、以前に何度か、一時的に声がかれて出なくなったことがあり、いつまた声が出なくなるんだろう、という不安を抱えていたのです。声が出なくなった1度目は、航空会社の地上職員をしていたときです。空港内のちりやほこりなどに過敏になり、仕事のストレスともあいまって、声が出なくなりました。そのときは要人の対応をしなければならず、声が出なくなったのには本当に困ってしまいました。2度目に声が出なくなったのは引っ越しのときで、大量のほこりを吸ってしまった上に、体の疲れもあったのでしょう。安静にして声を出さないでいたら、次第に治りました。

今から8年前、3度目に声が出なくなったとき、かかった病院で、なぜ声が出なくなるかを教えていただきました。どうやら生まれ持った声帯の形の影響で、声帯が締まりづらく、雑菌がのどに入ったとき影響を受けやすいとのことでした。そのとき、医師からすすめられたのがボイトレです。普段から声の出し方をトレーニングしてのどに負担をかけるのを防げば、声が出なくなる事態を招かなくなるというのです。

ふ〜んと思いながらも、すぐにボイトレを始めることはなかったのですが、その後ヨガのインストラクターになり、声の重要性を改めて実感。セッション中、インストラクターは声で生徒さんをヨガの呼吸やポーズに導き、自らの体や心と向き合う機会を提供します。それには、声の質やテンポをコントロールする必要があると気づいたのです。そんな折、幸運なことにボイストレーナーのミニー・P先生のサロンでヨガ教室を開くことになり、私の声の悩みを聞いていただき、さっそくスクールに通うことになりました。

最初にミニー・P先生に言われたのは、「体を楽器とする」という言葉でした。声は体全体で出すという観念がそれまでなかったので、その言葉は驚きでした。自分が声を無理やりのどで出そうとしていたことに、初めて気づきました。先生に指導されたように体全体を使うと、スムーズに声を出せるのです。これを機に、声が出なくなるハプニングがなくなり、いつ声が出なくなるかわからない不安からも解放されました。

多くのヨガのインストラクター仲間は、のどを使い過ぎ、声が出なくなる経験をしています。声が出なくなると仕事にならないので、誰かに代講を頼むことになります。私の場合、声がかれて代講を頼んだことが一度もないのは、ボイトレのおかげです。ヨガのインストラクターに限らず、声が仕事の方は、皆さんボイトレをされると仕事を休むことなく円滑に進められると思います。

声に自信が持てるようになると、不思議と教える内容にも自信が持てるようになりました。うれしいのは、ボイトレをするようになってから、生徒さんからの信頼感が増したように思えることです。セッションの内容に満足してくださっているのがわかるようになりました。ありがたいことに、初めて受け持つクラスの生徒さんからは、必ず声を褒めていただきます。具体的には「先生の声を聞いていると、宇宙にいるみたい」「ビオラを聞いているような感覚」「癒やされます」「涙が出そう」「ビリビリと体に響いて、染みわたります」などなど。ヨガセッションは世界観をつくり、入ってもらう作業でもあるので、そのような感覚を持っていただくのは本当にありがたいです。

ボイトレを始めて4年の月日がたちました。実は私、始めたときは、ドレミの3音くらいしか音域がなかったんです(笑)。それが、今では地声で2オクターブ、裏声を含めると4オクターブ出るようになりました。すると、自然と声のバリエーションも幅が広がり、ヨガの内容に合わせて声を使い分けられるようになりました。朝のセッションでは、リズムを少し速めて、声のトーンも少し高めに。夜はゆったりとしたリズムで、落ち着いたトーンでなめらかに発声します。

ヨガを屋内で行う場合と、公園など屋外でする場合でも、声を使い分けます。屋外のセッションでは、とかく声を張りがちなのですが、それではのどを痛めてしまいます。多くの生徒さんがいらっしゃる場合、一番遠くの方に届くちょうどよい大きさにボリュームを調整できるようになったのは、ボイトレの収穫ですね。おかげさまで、いつしか私が担当するヨガのセッションは、満席か予約待ちをいただくようになりました。これからも声を磨いて、ますます生徒さんに喜んでいただけるヨガを提供していきたいです。

○ミニー・Pからひと言

久子さんは、もともとの声帯の形からハスキーな要素を持つ、素敵な声の持ち主です。しかし、ドレミしか音域がなかったことで、高音を出すのに、のどに力が入るため、痛める結果になってしまっていたようです。ボイトレを積んだことで、音域が広がって声がかれなくなったのと同時に、生まれ持っての声帯の形が生かされ、倍音の響く素晴らしい声へとレベルアップされました。ドレミしか出なかった人がドを歌うのと、何オクターブも出る人が同じドを歌うのとでは、どちらが深い声が出るかは明らかです。音域が広くなると、ドではないほかの音を含む倍音も多くなります。ヨガの生徒さんたちが久子さんの声に魅了されるのはその倍音の効果ですね。倍音には神秘的なムードや、カリスマ性が秘められていて、人を日常から解放したり、集中させたりするのに効果的です。ますますボイトレでその魅力を高めていってくださいね。

子どものころからの音痴を克服。ぜんそくの発作も起こらなくなりました

CASE_5

Name：小田直人さん

Age：59歳

Job：会社経営

Experience：1年半

ミニー・P先生を紹介してもらい、「ウイングス ミュージック スクール」でボイトレを始めたのは一年半前です。55歳のころから、ガラガラとした声のかすれが気になっていました。幼いころ、小児ぜんそくだったこともあり、もともと肺活量に自信がありません。中学生のころ、いったんよくなったぜんそくがぶり返したのが、25歳のころ。仕事の忙しさと喫煙が原因だったと思います。喫煙は45歳のときにやめましたが、その後もぜんそくの症状はよくなったり悪くなったりを繰り返し、苦しくなったときのためのステロイド剤の吸入薬は常に手放せませんでした。

それと、声のかすれとともに気になっていたのが滑舌です。私は長年にわたり、広告会

社やPR会社で営業の仕事をしてきましたが、56歳のときに私の経営するPR会社がIT企業の傘下に入ることになりました。IT企業の社員は皆若いですから、50代半ばを過ぎた私が自分のアイデアや思いを伝えるには、若々しく滑舌のいいトークが必須でした。

ボイトレを始めてすぐに感じたのは、30〜40人集まる会議のとき、声が通りやすくなったなということ。がんばってしゃべろうとしなくても、自然と参加者に届く声で、余裕を持ってプレゼンできるようになりました。ボイトレで息が長く続くようになり、口や舌の訓練で滑舌が改善されたからだと思います。

特に功を奏したなと思うのは、高い声を出す練習です。高い声を出すときはたくさん息を吐くので、息が長く続くようになったのだと感じています。その成果は、毎年受けている健康診断にも現れていて、肺活量の数値が少しずつよくなってきているのです。ボイトレを始めて以来、一度もぜんそくの発作が起こらず、吸入薬を一回も使っていないのも驚きです。

さらにうれしい副産物は、カラオケが楽しくなったこと！ 実は、私は音痴で、カラオケが大の苦手でした。音楽へのコンプレックスは、小学校の音楽の授業以来。大学時代からカラオケがブームになり、歌が下手なことがますますコンプレックスになってしまいました。

大学を卒業して、携わったのは広告やPRの仕事。取引先とのコミュニケーションが命なのに、カラオケが苦手なのはかなりのマイナスポイントでした。カラオケに行ったら聞く専門で、お客さんからどうしても歌って、と言われて歌っても1曲歌うのが精いっぱい。

しかもあまりに下手で、皆さんの手拍子が止まってしまったり、椅子からずり落ちそうになるのを見て、冷や汗をかくのが常でした(笑)。

ボイトレを始めたとき、先生から「音痴は直りますよ」と言われましたが、にわかには信じられませんでした。音痴には原因があり、それを修正すれば普通に歌えるようになるというのです。

私が音痴に陥っている原因として、まず指摘されたのが、音域が狭いこと。ソラシドレミくらいしか声が出なかったのです。しかし、それまでは高い声、低い声が出ていないことすら気づいていませんでした。そのソからミよりはみ出た高い音、低い音を、すべてソからミの6つの音で歌っていたので、音程から外れていたというのです。

最初は地声を超える高い声、低い声の出し方がわからず戸惑いましたが、低い声は次第に出るようになりました。そして難しかった高い声も、裏声を使えば出ることを教えてもらい、目からウロコでした。なんと58歳にして初めて、裏声を出すことを覚えたのです。

さらに指摘されたのが、カラオケから流れてくるメロディやオケを聞いていなかったということ。それまでカラオケのときは、モニターに映し出される文字を読むように歌い、マイクを通した自分の声しか聞いていなかった、という事実に気づきました。歌が上手に歌える方には信じられないかもしれないですね。流れてくるメロディやオケに耳を傾けるようになったら、音程やリズムがわかり、自然と合わせられるようになったのです。

ボイトレを始めて1年半ですが、今ではカラオケで歌えるレパートリーが10曲まで増えました。以前カラオケをご一緒したことがある人からは「信じられない! どうして上手になったの?」と必ず聞かれます。何より、初めてご一緒する人に拍手してもらえたり、この歌好きです、などとふつうにコメントしてもらえるのがうれしくて。しかも、練習していない曲でも、口ずさめるまでになりました。カラオケに行くのがまったく恐怖ではなくなり、今ではとても楽しみです。まさか、人生も半ばを過ぎてから、音痴が直るとはつゆほども思っていなかったので、本当にありがたい限りです。

ミニー・Pからひと言

こんなことを言うのは申し訳ないのですが、小田さんは私が出会った中でも1番か2番目くらいの音痴だったかもしれません。音痴というのは、何かの拍子に「自分は歌が下手だ」と思ってしまい、その瞬間に自分の声に100%集中して、ほかの音が聞こえなくなる現象であることを、長年のボイトレで発見しました。音痴は脳に問題があると書かれている文献もありますが、そうだとしたら小田さんのように音痴が直ることはないはずです。精神状態がいっぱいいっぱいのとき、他人の声が耳に入ってこない経験は誰しもあるはずです。歌うときに、その感覚に陥っているのが音痴です。どんなにうまいプロの歌手でも、オケが聞こえなければ音痴になるものです。音域を広げ、意識してオケを聞くトレーニングをされた小田さんは、リズムや音程を合わせることができるようになりました。もともと感性が豊かな小田さん。さらに声を磨いて、お仕事と人生を、満喫してください。

「魅き寄せ声」のためのワンポイントアドバイス

Q. 声のよい状態を保つために心がけることは何ですか？

A. 食べ物に気をつけ、整体を。のどを冷やさないことです。

姿勢のページで背骨と腰をまっすぐにしないと声が出ないという説明をしましたが、そもそも体が曲がっていると声が出ないので、プロの歌手は整体などに通って体そのものを矯正してまっすぐにキープしています。それからのどを冷やさないように気をつけています。私はいつもスカーフをバッグに入れています。大事な場面で声を使う前などは、緑茶や紅茶、烏龍茶、牛乳、ヨーグルトドリンクなどはお勧めしません。

またアルコール類や辛い香辛料のスパイス、タバコは声帯を刺激し、むくませます。大切な日の24時間前はそういったものは控えてくださいね！

ミニー・Pの

魅き寄せ声コラム

vol. 5

title: 音痴と思っている人もあきらめないで！あなたもきっと直ります

column for your attractive voice

音痴の原因は、意外かもしれませんが「聞き方」にある場合が多いです。聴覚に問題がなければ、音痴は直ります。

音痴の「痴」の意味をひも解くと、「物事や道理に関して、心が混迷していて、正しい判断ができないで迷う心理作用」とあります。誰しも、極度の緊張に見舞われるとまわりの音が聞こえづらくなります。音痴の人は、成長の過程で緊張を強いられるなどまわりの音が聞こえない状態が起こり、自分の声ばかりを聞いてしまっているのです。自分が音痴という思い込みが強ければ強いほど、まわりの音を聞くのは困難になります。音痴といわれる方にレッスンをすると、私がピアノの音を鳴らしているのに、始めはぼーっとして聞こえないとおっしゃいます。でも何度も「ピアノの音を聞いてください」といいながら弾いていると、「あっ、今、聞こえました」とおっしゃるように。聞くコツがつかめてくるのです。

また音域が狭すぎて、高い音も低い音も同じ音程で歌ってしまうのも、音痴の特徴です。まずは自分に合った音域の狭い歌を選んでから歌うと、正確な音程で歌えるようになります。音域の狭い曲の代表例としては『明日があるさ』坂本九（ほか多くのアーティストがカバー）、『The Rose』ベット・ミドラーなどがあります。まずは歌手が歌っているのを何度もよく聞き、それに合わせて歌ってみましょう。

おわりに

音楽に導かれ、私が代官山でひとり音楽スクールを始めたのは、1995年のことでした。それから24年目にして著書を出すことができましたことを、心から感謝申し上げます。

きっかけは、私のアンチエイジングボイトレを取材してくださった美容ジャーナリストの小田ユイコさんとの出会いでした。ボイトレをされ、さらにきれいになられて、その楽しさと効果を体験していただいてから、たくさんの方々にその感動を広めてくださいました。

そして出会った集英社インターナショナルの石渡孝子さん、清水智津子さん、田中知二さん。そしてこの本に関わってくださったのは、偶然にも私の生徒の皆さんたちでした。医学監修は慶應義塾大学医学部教授の加藤眞三先生、メディカルイラストレーターのtokcoさん、そして7章の体験談にご協力くださったiPS細胞を用いた加齢黄斑変性の治療法の開発を行っている鍵本忠尚さん、音楽関連会社のCEOの佐藤健一さん、私の経営するサロン（サロン ド ミニー）でヨガを教えてくださっている三浦久子先生、会社経営の小田直人さん、会社員の井上美穂さんをはじめ、美容ライターの皆さま、PR業界や、アナウンサーの方々などたくさんの生徒さんにご協力いただき、誠にありがとうございました。

私は音楽とボイトレを追求しているうちに、とてつもなく広い世界の人たちとお会いすることができました。これは音楽とボイトレで培ってきた自信が誰とでもためらわず話せる私をつくってくれたおかげです。

私は歌手になるほどの声は持ち合わせていませんでしたので、歌手にはなりませんでしたが、音楽プロデューサーになり、どうやったらうまく歌えるのか、話せるのかを、細かく研究していきました。そうするうちに、やがて歌手の方のボイトレやスピーカーの方々からもレッスンを頼まれるようになり、それを教え始めたら、たくさんの人に喜んでいただけました。以降、素晴らしい生徒さんたちが増え続けています。

音楽とお話は年齢や性別、国籍すべてを超えて仲良くなれる最大のツールです。

この本を読んでもっと自分の声や音楽を好きになってくださる方が増えたら最高に幸せです。

最後になりましたが、ウイングスミュージックの仲間たち、そして友人と家族にこの場をお借りして心からの感謝を送ります。本当にありがとうございました。

2018年　10月吉日

ミニー・P

自宅でプロのボイトレを受けられるアプリ『ミニー・Ｐのボイトレ「など」』のダウンロードの方法

本書無料ボイトレアプリ使用方法

ｉＰｈｏｎｅで左のＱＲコードを読み取るとミニー・Ｐ開発のボイトレアプリ『ミニー・Ｐのボイトレ「など」』（無料版）をダウンロードできます。左のバーコードを読み取るとアプリにアクセスでき「ミニー・Ｐ式ストレッチボイトレ」のレッスンを見ることができます。

有料ボイトレアプリでさらにレッスンできます

ボイトレアプリ『ミニー・Ｐのボイトレ「など」』(無料版）から、有料版（１０００円）にアップデートすると本書のレッスンに加えて、無料版のお試しレッスンのすべてと、有料版のみで視聴できるレッスン動画を見ることができます。本書と連動した動画も、左上のバーコードを一度読み取った後「お気に入り登録」することで、毎回バー

※無料版は、そのつどバーコードを読み取る必要があります。その他のお試しレッスンも視聴可能です！

高い音、低い音の限界まで出してみる（P.116）

『ミニー・P のボイトレ「など」』（無料版）QR コード

高い音を出すときは手を上げて少し腰を落とす（P.120）

口をアヒルのように「縦に」大きく開ける（P.110）

コードを読み取る必要がなくなります。

さらに月額会員（会費は1か月税込2000円）になると、月4回アップされるレッスン動画を見ることができます。

『ミニー・P のボイトレ「など」』（有料版）QR コード

〈アプリについてのお問い合わせ先〉

http://info@wings-music.com

☎03-3463-2804

（ウイングスミュージック）

ミニー・P

音楽プロデューサー、作詞・作曲・編曲家、ボイストレーナー。音楽レーベル、音楽制作プロダクション、音楽スクールの株式会社ウイングスミュージック代表取締役社長。４歳からピアノを始め、６歳でヤマハのジュニア科専門コースでピアノ、作曲などの英才教育を受ける。広島音楽高校ピアノ科を２年連続特待生で卒業。国立音楽大学ピアノ科へ進学し、在学中から音楽業界で仕事を始める。卒業後、ジャズをアメリカで故チャーリー・バナコス氏に師事。1997年、日本とブラジルで作詞、作曲、編曲デビュー。これまでにクリス・ハート、RIRI、AISHA、手嶌葵など実力派のR&B、J-POPアーティスト、K-POPアーティストなどに多数楽曲を提供し、同時に多くの実力派アーティストのボーカルディレクションを担当。1995年に東京・代官山に「ウイングスミュージック スクール」をオープン。ボイストレーナーとしてもミュージシャン以外にも広く声の指導を行う。「魅き寄せ声」を身につける独自のボイストレーニング法で、これまでのべ3000人を指導し、多くの成果を挙げる。http://www.minniep.com/

STAFF: Editorial : 小田ユイコ
Photographs : 長谷川 梓
Hair & make-up : MATY
Illustration : いいあい
Medical Illustration : tokco
Medical Supervision : 加藤眞三
Book Editorial : 清水智津子

自分《じぶん》に自信《じしん》が持《も》てる！ボイトレ
声《こえ》を磨《みが》けば、人生《じんせい》が変《か》わる

2018 年 11 月 30 日　第 1 刷発行

著　者　ミニー・P
発行者　手島裕明
発行所　株式会社 集英社インターナショナル
〒 101-0064 東京都千代田区神田猿楽町 1-5-18
☎ 03-5211-2632
発売所　株式会社 集英社
〒 101-8050 東京都千代田区一ツ橋 2-5-10
☎ 03-3230-6080（読者係）
03-3230-6393（販売部）書店専用
印刷所　大日本印刷株式会社
製本所　株式会社ブックアート